SV

SZILÁRD BORBÉLY

Kafkas Sohn

Prosa aus dem Nachlass

Aus dem Ungarischen übersetzt,
mit Kommentaren und mit einem Nachwort
versehen von Heike Flemming
und Lacy Kornitzer

Suhrkamp Verlag

Die Übersetzung folgt dem Manuskript *Kafka fia*,
das sich im Nachlass des Autors befindet.

1. Auflage 2017

© Suhrkamp Verlag Berlin 2017
Alle Rechte vorbehalten, insbesondere das der Übersetzung,
des öffentlichen Vortrags sowie der Übertragung
durch Rundfunk und Fernsehen, auch einzelner Teile.
Kein Teil des Werkes darf in irgendeiner Form
(durch Fotografie, Mikrofilm oder andere Verfahren)
ohne schriftliche Genehmigung des Verlages reproduziert
oder unter Verwendung elektronischer Systeme
verarbeitet, vervielfältigt oder verbreitet werden.
Satz: Greiner & Reichel, Köln
Druck: CPI - Ebner & Spiegel, Ulm
Printed in Germany
ISBN 978-3-518-42590-9

Kafkas Sohn

An den Leser

Dieser Roman spielt in Osteuropa. Er erzählt vom Reisen und von Reisenden. Von der Reise Franz Kafkas, der mit Franz Kafka nicht identisch ist. Und vom Bleiben an ein und demselben Fleck, ohne das das Reisen seinen Sinn verlöre. Vom Spazierengehen, bei dem man immer zum Ausgangspunkt zurückkehrt. Und vom Raum, der alldem ratlos zuschaut. Den Spaziergänger begleitet und ihm folgt. Dem Menschen, der spazierengeht und nirgends ankommt. Der durch seine Bewegung bloß dem Raum Struktur gibt und die Räume verbindet. Räume, die in Osteuropa trotz allen Gedränges genauso einsam sind wie der Mensch, der sie mit seinem Spaziergang durchmisst.

Erzählt wird also von der Kindheit und von dem, was den Raum in Frage stellt, vom Zwilling also, der genauso ist wie man selbst. Davon, dass jeder einen Zwilling hat, der mit einem zusammen auf die Welt kommt. Die wichtigsten Jahre verbringt ein jeder mit diesem Ebenbild. Alle Spiele spielt man zusammen. Dann trennen sich die Wege. Man verliert seinen Zwilling, nur noch die Mutter wird sich an ihn erinnern. Väter wissen davon nichts. Die Väter sind weit weg, kotzen verkatert auf Arbeitsstätten aus erodierenden Wänden, haben Ohrensausen, Schwindel im Kopf; sie starren in der Kneipe mit ausdruckslosem

Gesicht in den Zigarettenrauch, ziehen über Schlacht-felder inmitten der wechselvollen geographischen Ver-hältnisse Osteuropas und sterben ernüchternd früh oder bleiben verzweifelt am Leben, doch von all dem, was nun erzählt werden wird, wissen sie nichts und wieder nichts.

Von diesem unablässigen Zug erzählt dieses Buch, davon, wie in Osteuropa Söhne zu Vätern werden und die Vor-würfe vergessen, die sie in der Kindheit und Jugend gegen die Welt der Väter vorbrachten. Wie sie die zur Faust ge-ballte Hand vergessen, die sie in der Jugend gegen die Welt der Väter erhoben und unter Flüchen schüttelten. Wie sie nicht viel später mit diesen Fäusten jene zu blutigen Fleischfetzen schlagen, die die Fäuste gegen sie erheben, während sie selbst schon erlahmen und untertänig nach den Almosen greifen, die ihre Herren ihnen zuwerfen. Von den Worten also, die sie wie abgegriffene Groschen miteinander tauschen. Es erzählt also vom Vergessen. Das heißt von mir, dem Verfasser des Buches, der mit mir nicht identisch ist, das heißt von meinem Zwilling. Davon, warum er sich einst auf den Flügeln der Worte auf den Weg machte, obschon ihn dazu nichts trieb. Eher zum Gegenteil: zum sprachlosen Verlust der Heimat in einem Land, in dem er nirgendwohin gehört. Es geschah unbewusst, noch bevor er gewusst hätte, wer er ist und was die Schrift und das Volk der Schrift. Nachdem seine Hei-matlosigkeit durch eine unerwartete, doch umso zwangs-läufigere Tragödie besiegelt worden war, brach er auf, um die zu verstehen, mit denen ihn genausowenig verband wie mit der eigenen Zukunft. Und um seinen Seelenschmerz zu ertragen, flüchtete er in seine Phantasie, um die Vergangenheit neu zu schreiben, die ihm niemals Heimat gewesen war, wie auch seinen Eltern nicht, die er verloren hatte. Und für die er, wie er es mit der Zeit immer stärker spürte, diese Geschichte erzählen muss. Für die Mutter und den Vater; für Julie und Hermann; die nurmehr Vergangenheit haben und nur noch in der Zukunft leben, in alle Ewigkeit. Omain.

*

Als dieses Buch begann, wusste ich noch nicht, dass mein Leben eine Serie nicht zueinander passender Abschnitte werden würde. Ich beobachtete das Wasser, das in den Graben floss. Beobachtete den Hof, der im Frühling wie Teig aufging und dessen Boden morastig wurde. Dann liefen wir nicht mehr darauf, sondern über Planken. Bald schon war der Boden von grünem Moos bedeckt, als sei zwischen Misthaufen und Tor ein großes Stück Samt gelegt worden. Lange war das Moos giftgrün, ein paar Tage phosphoreszierte es gar, bis es plötzlich verschwand. Was zurückblieb, wurde schwarz und stank widerlich. Der Boden brach in Scherben auf, die Ränder der Erdteller wurden rissig. Wir spielten dann damit. Man konnte sie aufsammeln. Wir sind also irgendwo in Osteuropa, wo man in der sumpfigen, von Wassern zerschnittenen unwegsamen Landschaft die Gänse schnattern hört, ihr Flügelschlagen, wie sie zischend, schnatternd, flatternd,

stolpernd und einander tretend riesige Staubwolken auf-
wirbeln, immer voller Schreck vor etwas und von einer
Panik in die nächste fallend, so fliehen diese dummen
Tiere mit ihren lieblichen Köpfen.

Der Anblick dieses Bildes presst mir immer das Herz
zusammen. Ich kenne das Schicksal dieser Gänse, jedes
Frühjahr werden sie groß, aber kaum eine von ihnen wird
noch Weihnachten erleben. Der Martinstag markiert
traditionell den Grenzpunkt ihres Lebens. Auf die glück-
lichen Frühlingstage, wenn sie mit zerkleinerten Brenn-
nesseln und Maisbrei verwöhnt werden, auf die satten
frühsommerlichen Weiden und mächtigen Regenfälle des
Frühjahrs folgt der Herbst, in dem die ausgewachsenen
Gänse auf einem winzigen Fleck zusammengepfercht
werden, doch durch die Ritzen des Lattenzauns noch die
Köpfe herausstrecken können. Dann kommt der Herbst
mit seinem Schlamm, Raureif, Feldmannstreu und Ma-
riengarn, und schwer werden auch diese stolzen Tiere,
die jedoch nicht fliegen können. Sie können nur laufen
und schwimmen, aber an das Fliegen erinnern sie sich
nicht mehr, und wenn die Zeit der Herbstregen in Osteuropa gekommen ist, überqueren diese Vögel mit der
Schwimmhaut an den Füßen noch immer leichtfüßig
die schlammigen Wege, die alle anderen Geschöpfe für
immer an sich ziehen und es ihnen unmöglich machen,
jemals von hier zu fliehen.

Der Herbst bringt ihnen das Wintergefieder, das sie vor
der elendigen Kälte der Nächte schützt. Doch er bringt

ihnen auch den Stall, aus Latten, Zweigen und Sonnenblumenstengeln zusammengetakelt, so dass die Gänse nicht herumlaufen können, es sich abgewöhnen, und wenn sie den frischen Mais bekommen, der zur leichteren Verdauung eingeweicht und gequollen und mit winzigen Apfelstücken verfeinert ist, wollen und können sie sich auch nicht mehr bewegen. Sie sitzen nur noch auf dem schlammigen, einst mit Stroh bestreuten Boden voller Gänsemist. Sie können die Köpfe durch die Ritzen des Stalls herausstrecken, müssen sich nicht einmal erheben, um zu trinken, vor ihren Augen liegt der gequollene Mais. In ihrer Langeweile essen sie und essen sie. Und wenn sie selbst dazu keine Kraft mehr haben oder dessen überdrüssig geworden sind, kommt die Zeit des Stopfens. Die Frauen halten die Gänse zwischen die Schenkel gepresst, nur die Köpfe ragen nach oben, gerade so hoch wie die Hände, so dass sie mit den von winzigen Apfelstücken durchsetzten, gut eingeweichten und gequollenen Maiskörnern gestopft werden können. Die Frauen drücken das Futter mit der Hand durch den langen Hals der Gänse in den Vormagen. Die Gänse werden immer dicker, röcheln, ersticken fast, und die Frauen freuen sich, denn sie wissen, dass die Leber der Gänse so immer größer und fetter wird. Dann kommt der Martinstag oder für einige Gänse Weihnachten, und sie werden geschlachtet. Denn das ist in Osteuropa das Schicksal der Gänse. Doch wenn ich es richtig bedenke, dann nicht nur ihres.

Aus Hermanns Aufzeichnungen

Der Sohn ist der Mangel des Vaters, daran erinnert alles, seit Franz tot ist. Die ersten Jahre waren noch leicht, denn ich lebte vom Trotz wie jene, die gegen die Trauer ankämpfen. Ich gab Gott nicht recht, der mir meinen Sohn genommen hatte, dabei war ich auf seinen Tod längst vorbereitet gewesen. Seit dem Tag, als er, vielleicht dank des Drucks, den ich auf ihn ausgeübt hatte, seine Ängste bezwang und sich zur Brautwerbung entschloss, rieben sich seine Kräfte auf, die ihn bis dahin vor dem Leben geschützt hatten. Vor mir, so hätte er gesagt. Vor dem Allmächtigen, würde ich sagen, der ihn so ausgeliefert geschaffen hatte. Als er seine ganze Kraft zusammennahm, all seine natürlichen Ängste bezwang, am ... 1914 um Felices Hand bat <Text bricht ab>

Der Vater ist das Grab des Sohnes.
Der Sohn ist das Leben des Vaters. Der Vater ist der Tod des Sohnes.

Kafka und die Straßen

Kafka war in Prag lange Zeit bloß der Name eines Kaufmanns. Kafka war ein Kaufmann wie viele andere. Anfangs hieß er Hermann. Mit der Zeit änderte der angesehene innerstädtische Kaufmann seinen Vornamen auf Herrmann. In der nach dem Krieg selbständigen Tschechoslowakei wurde er Heřman, um sich an die zunehmend tschechisch und zunehmend nationalistisch orientierte Umgebung anzupassen. Mit dem Namen Kafka gab es keine Probleme, denn das ist von vornherein ein tschechisches Wort, das Dohle bedeutet. Obwohl das F in der Mitte des Wortes nach einem Irrtum aussieht. Es sollte vielmehr ein V da stehen. *Kafka* klingt eher wie die Nachahmung eines Lautes, es hört sich an, als käme es aus irgendeiner tierischen Kehle hervorgeröchelt, und erst hinterher mögen die Tschechen darin Laute, menschliche Laute erkennen. Eigentlich lautet das tschechische Wort *kavka*, Dohle. Es will also eher den Laut der Dohle anklingen lassen, das heisere Räuspern, dumpfe Reiben, das diese klugen Vögel von sich geben. Zumindest nach Ansicht der Tschechen. Denn im Ungarischen zum Beispiel weckt der Name desselben Vogels, *csóka*, eine viel entferntere Erinnerung. Und noch sonderbarer ist, dass der Laut aus der Kehle eines Vogels aufsteigt und nicht aus der eines Säugetiers. Die Vögel sind den Menschen viel entfernter. So anmutig sie die Luft auch durchschneiden, ihre Köpfe und Bewegungen erinnern eher an Reptilien, ihre Vorfahren, an Saurier. Das ausdruckslose Auge, der sich possierlich drehende Kopf und generell das fehlende Gesicht lösen bei den Säugetieren Angst aus. In unseren Augen sind die Vögel fossile, verzauberte Wesen, hiergebliebene Fossilien aus der Vorzeit. Fliegende Fossilien zwar, aber dennoch Fossilien. All das trifft auch auf die Dohle zu, und man hat versucht, die seltsam röchelnden Laute dieses schwarzen Vogels nachzuahmen, etwa so: kav-kav. Kav-kav. Kafka dachte immer an diese melancholische Stimme, wenn er sich voller Entsetzen den Namen seines Vaters in Erinnerung rief. Dieser schwarze Vogel hüpft überall in Osteuropa auf den Feldern umher, versteckt sich zwischen den Sträuchern am Waldrand, den Baumreihen entlang den Äckern und Weiden und in den Ästen der Bäume. Bei uns galt die Dohle als Symbol der Armut. Früher fing man sie gern und brachte ihr, da sie klug ist, manche Kunststücke bei. Die Zigeuner, die in Osteuropa bekanntlich lange wie Naturvölker lebten, schlossen mit den Dohlen eine enge Freundschaft. Die entbehrungsreichen Winter, in denen die Dohlen auf den Feldern nichts fanden, lehrten die beiden Kreaturen, ihre Verwandtschaft zu erkennen. Weder die Dohlen noch die Zigeuner wollten Kaufleute werden, im Gegensatz zu Kafka. Denn Kafka war schon immer gern ein Kaufmann.

Kaufmann zu sein bedeutete damals, Ende des neunzehnten Jahrhunderts, im finanzschwachen, armen Osteuropa, die Fähigkeit strengen und erbarmungslosen Sparens. Nicht der Sparsamkeit, sondern der ausbeuterischen, knausrigen Gnadenlosigkeit. Doch es bedeutete auch die Kunst des Schweigens und des Redens, wie es dies Jahrtausende hindurch bedeutet hatte. Geschäftemachen ist das Wissen, Worte schlau zu verwenden, nicht, rätselhaft zu schweigen. Das heißt, es bedeutete Feilschen und Ausharren. Feilschen ist der Verlust der Sprache und der Wechsel von Worten. Ich gebe dir ein Wort, du gibst mir dafür ein anderes. Doch ich vergeude meine Worte nicht, ich bewahre sie auf. Wer beim Sparen unnachgiebiger zu sein vermochte, konnte Kaufmann bleiben. Wer nicht fähig war, hartnäckig auszuharren, konnte nicht mit Erfolg rechnen. Kafka verfügte über eine auffallende Körpergröße. Er war ein kräftiger, entschlossener Mann. Er hatte gelernt, dass er sich allein auf die eigene Kraft verlassen konnte. Es gibt Männer, die durch Einsamkeit schroff werden und ihre Gefühle später nicht mehr zeigen können. Wer das Ausgestoßensein durchlebt, taut in keiner Gemeinschaft mehr auf, selbst dann nicht, wenn er in sie aufgenommen wird. Kafka war aus der Provinz nach Prag gekommen, aus der Provinz in die Stadt. Er kam von Süden, zu Fuß, und ließ den Weg hinter sich, indem er alles niederriss. Die Brücken, die er überquerte, die Dörfer, die ihn von Hand zu Hand weiterreichten, die Herbergen, in denen er abstieg. Und er baute alles allein wieder auf. Er musste alles neu schaffen. Sein Geschäft, die Waren, seinen Bekanntenkreis, die Gemeinde mit dem Rabbi und dem Kantor, er schuf die Straße, über die er morgens und nach dem Mittagessen ins Geschäft ging. Kafka selbst erschuf Prag um sich herum. Anfangs kannte er in der Stadt nichts. Auch nicht die Namen, wie dieses und jenes hieß. Als er in Prag ankam, gab es die Stadt noch nicht. Es werde, sprach Kafka, und es ward. Das wusste sein Sohn, Kafka, nur zu gut. Er wusste, Prag hätte es ohne seinen Vater nie gegeben, keinen Hradschin, keine Karlsbrücke, auch nicht das alte Prag mit dem Ghetto, den Kirchen, den Türmen. Die Gestalt des immer noch großen und stattlichen Vaters gemahnte ihn wie ein Ausrufezeichen an seine eigene Schwäche. Wenn Kafka in seinen Laden eilte, konnte man ihn schon von weitem an seinem großen würfelförmigen Kopf erkennen. Selbst sein Haar war so geschnitten, dass es die Würfelform des Schädels noch betonte. Hermann war ein Bauelement der Gesellschaft, ein verlässlicher Pfeiler. Im Gegensatz zu Franz, der eher der verbindende Bogen zwischen zwei Pfeilern war. Dieser Bogen zeichnete sich allerdings nur in der Vorstellung ab. Und wer ihn überqueren wollte, ging auf dem Nichts.

Dieser Roman spielt in Osteuropa. In Wirklichkeit ist es gar kein Roman und spielt auch nirgendwo. Er erzählt keine Ereignisse, wie ein Roman sonst Geschichten erzählt, er möchte ihm nur ähneln. In Wirklichkeit erzählt er vom Reisen. Vom Reisen Kafkas, der mit Kafka nicht identisch ist. Das heißt, vom Bleiben an ein und demselben Fleck, ohne das das Reisen seinen Sinn verlöre. In Wirklichkeit erzählt er nicht von Franz Kafka, dem

Sohn Kafkas, sondern vielmehr vom Vater. Das heißt von Kafkas Vater, dem gefürchteten Hermann Kafka. Weil Söhne immer die Geschichte der Großväter verstehen. Und umgekehrt: das eigene Leben begreifen Großväter durch die Geschichten der Enkel. Doch noch eher wird von einem Geheimnis erzählt. Einem Gerücht, in dem es um Kafkas Sohn geht, der vielleicht niemals existiert hat. Eine merkwürdige Geschichte, soviel ist sicher. Wie aber im Falle von Romanen üblich, erscheint darin unvermeidlich auch der Autor. In Wirklichkeit wird also von der Kindheit des Autors die Rede sein. Und davon, warum er sich eines Tages auf den Flügeln der Worte – um es hochtrabend zu sagen und falls Worte Flügel haben – auf den Weg machte, obschon ihn dazu nichts trieb. Eher zum Gegenteil: zum sprachlosen Verlust der Heimat in einem winzigen osteuropäischen Dorf, in das ihn der Zufall der Geburt verschlagen hatte. In einem Land, in dem er als Person nirgendwohin gehörte und in dem er – aus Gründen, für die er nichts kann – nirgendwohin gehören würde. Das lernte er sehr schnell, zusammen mit dem Sprechenlernen. Deshalb kam ihm alles so bekannt vor, was er Jahre später in Kafkas Texten las. Und er lernte auch, im Schreiben eine Heimat zu finden. All das geschah unbewusst, noch bevor er gewusst hätte, wer er ist und was das Schreiben. Und noch bevor er vom Volk der Schrift gewusst hätte. Nachdem seine Heimatlosigkeit durch eine unerwartete, doch umso zwangsläufigere Tragödie besiegelt worden war, machte er sich auf den Seiten dieses Romans auf den Weg, um die zu verstehen, mit denen ihn genausowenig verband wie mit der eigenen unausweichlichen Zukunft. Vielleicht tat er all dies, um seinen Seelenschmerz ertragen zu können. Denn er hatte zwar die Selbstverachtung gelernt, liebte aber dennoch die gewichtigen Worte. Seine Leser verschonte er nicht mit der Darstellung des Schmerzes seiner Helden, der hier in Osteuropa eine allzu bekannte Erfahrung ist. Genauso wie der unablässige Kampf mit dem Schicksal, der die Helden auch gegen ihren Willen zu tragischen Helden weiht. Deshalb flüchtete auch er in die Phantasie, um die Vergangenheit neu zu schreiben, die ihm niemals Heimat gewesen war, wie auch seinen Eltern nicht, die spurlos in der Zeit untergegangen waren. Ihretwegen verspürte er immer stärker den Drang, diese Geschichte erzählen zu müssen.

Für sie. Für sich selbst. Für Kafkas Sohn: für den Vater und den Sohn. Amen.

Kafka und mein Zwillingsbruder

Ich muss noch von meinem Zwillingsbruder erzählen, der mir vollkommen gleicht. Er ist beinahe haargenau so wie ich. Einen winzigen Unterschied gibt es zwischen uns: auf der linken Iris habe ich einen unregelmäßigen Fleck, so als wäre ein kleines Loch in der Struktur der strahlenförmigen Iris, während der Fleck sich bei ihm auf der rechten Iris befindet. Als sei dort einmal eine Nadel durchgestochen worden. Die Iris ähnelt auffallend der Zielscheibe, auf die die Bogenschützen beim Training in der Puszta schießen. Im Morgengrauen, und auf eine graue Zielscheibe. Geräuschlos huschen sie auf ihren Zwergpferden vorüber wie Falken bei ihrer nächtlichen Jagd. Nur die, die ihre Augen schließen, treffen das mit der Dämmerung verschmelzende Ziel. So ging es mir mit meinem Zwillingsbruder. Der Fleck befindet sich bei ihm im rechten Auge. Stets wussten wir, wo der andere sich gerade aufhält. Die Farbe unserer Augen aber ist genau die gleiche. Unsere Augen sind so grau wie der Grund des Bleilöffels. Wir besitzen so einen Bleilöffel und bewahren ihn in der Mehldose auf. Mit ihm misst unsere Mutter die nötige Menge Mehl für den Teig ab. Als wir Kinder waren, spielten wir gern damit. Er war in einem Haus, im Haus war er in einem fensterlosen Zimmer, das nannten wir die Kammer, in der Kammer war er in einem Schrank, im Schrank war er in einer Blechdose, in der Blechdose war das Mehl, und die Blechdose war farbig und die Farbe mit der Zeit abgeblättert. Den vor langer Zeit daraufgeschriebenen Namen konnte man gerade noch entziffern. Kafka. Und auch ein anderes Wort zeichnete sich ab, wenn wir sehr genau hinsahen: Bohemia. Dieses Wort mochte ich besonders gern. Bohemia. Es klingt wie ein Ausflug. Der Name eines fernen, einst gekannten Verwandten. Wenn unsere Mutter es nicht sah, stahlen wir den Löffel aus der Dose. In seiner grauschwarzen Tiefe konnten wir manchmal unsere Augen erblicken. Einmal fiel das Auge meines Zwillingsbruders in die Mehldose, purzelte irgendwie in den Bleilöffel. In dem Moment kam unsere Mutter herein. Wir hatten Angst vor ihr, weshalb wir die Dose rasch an ihren Platz zurückstellten. Wir taten, als spielten wir Verstecken. Mein Zwillingsbruder kroch unter die Kommode, das Gesicht dem Fußboden zugewandt. So konnte unsere Mutter nicht sehen, dass sein linkes Auge versehentlich in die Mehldose gefallen war, neben den Bleilöffel. Etwas anderes fiel uns nicht ein, und ich zählte unablässig, damit die Zeit verging. Wir wagten unserer Mutter nicht zu erzählen, was passiert war, sie wurde immer wütend, wenn einer von uns irgendeinen Körperteil verloren hatte. Dann bekam sie Panik und einen hysterischen Anfall. Manchmal fiel sie sogar in Ohnmacht. Wir wollten nicht, dass sie sich umsonst aufregte. Sie suchte in der Truhe nach etwas, es dauerte länger. Ich zählte und wusste gar nicht mehr, wie lange ich noch zählen sollte. Dann aber fand sie plötzlich, was sie suchte. Oder zumindest vermute ich das, weil sie plötzlich etwas in der Hand hatte und aus dem Zimmer ging. Sofort holten wir die Dose hervor, bliesen das am Augapfel haftende Mehl ab, und ich half meinem Zwillingsbruder, sein linkes Auge wieder einzusetzen. Um mich nicht zu erschrecken, hielt er dabei sein rechtes Auge geschlossen.

Ich fragte ihn, ob es auch schon andere Male herausgefallen war.

Ja. Aber du verrätst es unserer Mutter nicht, so flehte er mich an und begann zu jaulen wie Hunde, die ahnen, dass sie Prügel bekommen. Ich sah, dass seine Hose nass war und ein dünnes gelbes Rinnsal an seinem linken Schenkel zu seiner Sandale hinablief. Erst jetzt erbarmte ich mich seiner und sagte, natürlich werde ich es nicht verraten, wenn auch du mich nicht anschwärzt ...

Einmal, sagte er, doch ich drehte mich im Bett einfach zur Seite. Es war Morgen, und ich betrachtete durchs Fenster die Zaunkönige auf den Bäumen. Vielleicht habe ich meine Augen überanstrengt. Ich weiß nicht, warum, erwiderte mein Zwillingsbruder.

Überanstrenge niemals deine Augen, und nimm es nicht heraus, sagte ich zu ihm, denn dann wird es locker und kann jederzeit herausfallen. Und überhaupt: Es ist verboten, es mit schmutzigen Händen anzufassen, doch das wirst du wissen.

Es ist, wie man es bei einem Zwillingsbruder erwartet: wer ihn kennt, glaubt, ich sei es. In jeder Geschichte sind wir beide anwesend. Wenn ihm meine Bekannten auf der Straße begegnen, rufen sie ihm laut zu. Sie begrüßen ihn und reden mit ihm, als setzten sie eine begonnene Unterhaltung fort. Mein Zwillingsbruder kennt das schon und will sie nicht enttäuschen. Deshalb tut er so, als sei er ich.

Das verunsichert mich, und ich weiß manchmal selbst nicht, ob nicht ich mein Zwillingsbruder bin, denn auch mir widerfahren diese Dinge Tag für Tag. Ich weiß nicht, wer diejenigen sind, die alle naselang auf mich zutreten und mit mir eine verworrene Geschichte klären wollen, mich an meine alten und uneingelösten Versprechen erinnern. Zwar habe ich mich an solche Belästigungen gewöhnt, dennoch überrascht und irritiert es mich jedesmal. Die Zeiten sind längst vorbei, in denen mich derartige Spitzbubenstreiche, bei denen ich so tat, als verstünde ich alles, amüsierten. Heute lässt mich all das eher gereizt reagieren. Und da ich nur noch vage Erinnerungen an meinen Zwillingsbruder habe, der mir in einem der Kriege meiner Kindheit entrissen wurde, ich weiß gar nicht mehr, ob infolge der Neuordnung der Grenzen oder irgendeiner Internierung, erinnere ich mich zunehmend schwächer an ihn. Manchmal bin ich mir sogar unsicher, ob er tatsächlich existiert hat oder nur die Leute in meinem Dorf mich das haben glauben lassen.

Kafka im Badezimmer

Diese Geschichte beginnt in einem Badezimmer. Es ist Frühling oder vielmehr schon Frühlingsende. Die Zeit, da die Erde gähnt, den Mund weit aufreißt. Die ganze Erde ist ein großer Mund, und ob er weit offen ist oder geschlossen, ist allein eine Sache der Entscheidung. Gar nicht der Entscheidung, sondern des Standpunktes. In seiner Kindheit war die Erde noch verzaubert. Es ist Samstag, und das wird für die Geschichte später noch eine wichtige Rolle spielen. Ein Buch fällt dem Erzähler in die Hände. Er hat es beinahe zufällig ausgewählt, in der Bezirksbibliothek, in die er bis zur Abfahrt des Nachmittagsbusses gewöhnlich einkehrt. Er sucht herum oder liest. Kann sich zwischen den Regalen verstecken und die Stille hier genießen. Anderswo findet er sie ja nicht. Die osteuropäischen Diktatoren wollen die Menschen in den Wahnsinn treiben, weshalb sie die Stille verstaatlicht haben, die als ein Relikt der alten Welt gilt. Sie haben sie aus dem Verkehr gezogen, so wie die alten Geldscheine, auf denen die Fotos und symbolischen Gegenstände vorausgegangener Diktatoren abgebildet waren. Auch die Worte haben sie verstaatlicht, haben die alten abgeschafft und neue in Betrieb genommen. Die neuen Worte sind viel lauter, als es die alten gewesen sind. Die alten Worte wurden in die Bibliotheken verdrängt, sie wurden am

Leben gelassen oder waren einfach ihrer Aufmerksamkeit entgangen.

Am liebsten hat er die Stille, aber sie ist sehr selten. Überall herrscht Lärm, Maschinen und Menschen sind gleichermaßen zu laut. Alle in seiner Umgebung schreien, drehen das Radio auf und hören die Volksliedersänger. Viele singen mit dem Radio mit. Im Fernsehen verfolgen sie die Unterhaltungssendungen, lachen dabei aufdringlich und laut. Sie hören nicht zu, wollen auch die Pointen nicht verstehen, ihnen reicht fast schon der Auftritt des Komikers, um mit dem ganzen Körper zu lachen, was eher ein Grölen ist, so wie sie ohne Geist und Verstand außer sich geraten und sich im Sessel oder auf dem Bett suhlend grölen. Das Grölen ist beklemmend, die Gesichter verwandeln sich, als wären da keine Menschen mehr. Das erlebt er manchmal auf öffentlichen Plätzen, im Überlandbus, mit dem er zwischen seinem Zuhause, das heißt dem Zuhause seiner Eltern, und der Schule unterwegs ist. In seiner Klasse quält ihn dasselbe, er versucht, den Gesprächen auf der Jungentoilette und im Flur auszuweichen, den bis zum Überdruss wiederholten Pointen und lächerlichen Geschichten. Nach den Stunden im Gymnasium isst er in der Schulkantine zu Mittag. Nach Möglichkeit kommt er später, hält sich von seinen Kameraden fern, um ihre Gespräche nicht hören zu müssen. Alleine, am Ende des im Fett schwimmenden Speisesaals, am entferntesten Platz des langen Tisches nimmt er Platz. Er durchquert nicht den trostlosen betonierten Innenhof zwischen der Schule und dem Speisesaal, sondern geht durch den Haupteingang hinaus und kommt, das Gebäude umrundend, von der Straße in den Hof des Internats. Es ist eine weitere Chance, dass die anderen nicht mehr im Speisesaal sind. Dann isst er schnell und sparsam, versucht, die oben auf der Suppe schwimmende Fettschicht beiseite zu schieben. Das Aluminiumtablett ist abgenutzt und voller Flecken, überzogen von einer kalten opalen Fettschicht. An den Plastiktellern haften Spuren von Paprikagerichten. Die haarbreiten Kratzer auf der Oberfläche sehen aus wie Risse. Der vom oberflächlichen Abwaschen in den Kratzern klebende Dreck zeichnet spinnwebenartige Muster. Er trägt das Tablett zurück, die sehr dicke und sehr mürrische Frau hinter den mit Aluminium verkleideten Regalen grüßt nicht zurück. Erleichtert, dass auch dieser Tag vorüber ist, begibt er sich auf der Hauptstraße der Kleinstadt zur Bushaltestelle. Wegen der kräftig strahlenden Sonne im zeitig hereingebrochenen Frühling muss er blinzeln. An der Kreuzung vor der Bushaltestelle steht auf der anderen Seite die verwahrloste katholische Kirche. Die Tür ist offen, der Vorraum aber durch ein Gitter abgesperrt. Das Innere der Kirche ist bedrückend heruntergekommen, herrenlos, die fehlende Fürsorge macht sich am abbröckelnden Putz bemerkbar, an der aufgequollenen Wandfarbe, den lange nicht mehr neu lackierten Bänken. Im Bus holt er das Buch heraus und blättert darin. Irgend etwas stört ihn, er schlägt es zu. Der Weg ist nicht lang, er wird bald zu Hause ankommen. In solchen Kirchen fehlt der Raum, da sie alle gleich sind. Nichts bricht die innere Kahlheit, die sie kleidet. Sie wurden um die Zeit des ersten Krieges, davor oder danach oder währenddessen gebaut. Anfangs ohne Turm, mit der Zeit dann, oft Jahrzehnte später, setzte man auch einen Turm darauf. Sie sind allesamt nach denselben Plänen gebaut. Nie waren sie innige Orte, sie passten nicht zu dem Mysterium, dem sie hätten Raum geben sollen. Gegen Ende des zwanzigsten Jahrhunderts waren sie völlig entvölkert, hinter dem abbröckelnden Putz schimmerte die von Salpeter zerfressene Ziegelmauer. Leer gähnen die Türen, klammer Modergeruch drang heraus zu den zum Busbahnhof eilenden Menschen, die, verschwitzt und erschöpft, für die kühle, laue Luft dankbar waren, aber die Nase rümpften, weil der Geruch unangenehm war und schlechte Erinnerungen wachrief. Die Synagoge war schon lange zerstört und von den Bewohnern der Kleinstadt noch in derselben Nacht vollständig geplündert worden, die Behörden hatten beide Augen zugedrückt. An jenem Tag hatten sich die Gendarmen nach Hause beeilt, sich die Zivilkleidung angezogen und Ruß ins Gesicht geschmiert, um in der plündernden Menge nicht aufzufallen. Die Aussicht auf Beute lockte die ganze Kleinstadt an, zuerst waren die maskierten Gendarmen zur Stelle, die auch sofort erkannt wurden, man tat aber so, als bemerke man sie nicht. Dadurch wurden alle viel mutiger. Die Anständigen spähten zuerst durch die Fensterläden hinaus, dann stellten sie sich ins Tor. Schüttelten den Kopf, dass es Ärger geben werde. Man dürfe anderen nicht den Erwerb eines ganzen Lebens stehlen, einfach so, ohne zur Verantwortung gezogen zu werden, sagten sie sich und schüttelten immer ungläubiger den Kopf. Denn es kamen weder Gendarmen noch Polizisten, und auch von der Militärwache wurde niemand abkommandiert. Die Ehefrauen sagten immer wieder, geh du doch auch, sei nicht so blöd, du siehst doch, dass man es darf. Aber die Anständigen kamen zu spät, alles Wertvolle war schon weggeschleppt, die Schränke geplündert, die Fußböden in den Häusern aufgerissen, die Höfe umgegraben, der Misthaufen durcheinandergeworfen auf der Suche nach dem versteckten Gold. Und obwohl nichts darauf hinwies, wo die Judenstadt gewesen war, spürte sie der Junge ganz genau. Er überquerte diese Straßen, zumindest was von ihnen übriggeblieben war. Er eilte zum Busbahnhof.

In der erzwungenen Tatenlosigkeit am Samstag, wenn man kein Licht machen und keine Arbeit verrichten darf, Lesen jedoch gestattet ist, holte ich das tags zuvor aus der Bezirksbibliothek ausgeliehene Buch hervor, in dem ich im Bus schon geblättert hatte, um es ein wenig kennenzulernen, es dann aber beiseite getan hatte, weil meine Augen zu müde waren. In irgendeinem Buch hatte ich gelesen, hatte jemand geschrieben, Kafka sei für ihn am prägendsten gewesen, und ich hatte das Gefühl gehabt, er wäre Kafkas Bruder und wisse alles von ihm. Das Vor- oder Nachwort, damals war es Brauch, den arglosen Leser mit dergleichen zu warnen, jene abzuschrecken, die gegenüber der bürgerlichen, dekadenten, osteuropäischen (was in den Ohren vieler »jüdisch« bedeutete) Literatur Vorurteile hegten. In der Schule, in die ich damals ging, hatte man mich mit demselben Argwohn gemustert, mit dem diese Vor- beziehungsweise Nachworte die Bücher musterten, die ich gerade wegen dieses Argwohns aus dem wenig benutzten Bestand der Bezirksbibliothek entlieh. Ich hatte eine starke Brille, doch ich hätte schon noch stärkere Linsen gebraucht. Kurzsichtigkeit schützt vor der Außenwelt, und Bücher geben Sicherheit. Hierher zog ich mich zurück, zum großen Fenster, durch das selbst in dieser grauen Morgendämmerung so viel Licht hereinkam, dass man bequem lesen konnte. Als ich das Buch von Anselm Kafka wieder zur Hand nahm, wurde ich von einer Benommenheit erfasst, als hätte ich in einen Strudel geblickt. Ich sah alle Ängste und Beklemmungen meiner Kindheit Gestalt annehmen.

Ein Spaziergang am Abend

Wir sehen Kafka durch die Tür des unter dem Namen »Zum Schiff« bekannten prächtigen Mietspalastes heraustreten. Wir sind in der Prager Innenstadt, in einem neu entstandenen, als vornehm geltenden Viertel, nahe der Moldau, wo das wohlhabende Prager Bürgertum lebt. In den Wohnungen, Salons und auch Geschäften dieses Stadtteils hört man deutsche Worte. Doch in den Küchen, Dienstbotenzimmern und auf den Straßen mischt sich das Tschechische mit dem Jiddischen. Vor dem Haus an der Niklasstraße Ecke XXX, aus dem Kafka heraustrat und in dem sich zahlreiche Läden befinden sowie ein paar Gaststätten, darunter auch die »Zum Schiff«, die dem ganzen riesigen Gebäudekomplex seinen Namen gibt, hielt eine Straßenbahn. Als Kafka durch die prunkvolle Eingangstür tritt, die den Bewohnern vorbehalten ist und die im Zeichen des neuen Stils entworfen wurde, kam eine Straßenbahn. Bremsen quietschten. Das an der Ecke des zerstörten Prager Ghettos im Zeichen der philanthropischen Ideen für moderne Stadtgestaltung erbaut wurde. Die Stadtväter träumten von nagelneuen Palästen anstelle der ungesunden Enge, und die Bauunternehmer sahen darin ein gutes Geschäft. Die österreichisch-ungarische Monarchie, die k. und k. Administration unterstützte im Interesse des Reichs die Pläne der Stadt Prag für die Zer-

störung des Ghettos und den Bau eines neuen, modernen, den Herausforderungen der Zeit adäquaten Stadtviertels. Die Epoche war voller Widersprüche, unberechenbar, dekadent, so wie der Kaiser und König selbst, Franz Joseph I., der aufgrund seines persönlichen Schicksals unglücklich war, was kaum anders sein konnte, denn auf ihm lag ein Fluch. Als er als junger Herrscher gerade den Thron bestiegen hatte, musste er im Interesse der Rettung des Reichs der Abspaltung der größten Provinz, Ungarns, zuvorkommen und die Grundfesten des Reichs durch die Demütigung der Ungarn stärken, also hatte er die Todesurteile der dreizehn militärischen Führer unterschrieben, von denen in Wahrheit nur ein paar gebürtige Ungarn waren, die meisten sprachen kein Ungarisch, sie waren Österreicher, gehörten, wie im Schmelztiegel des Reiches nicht überraschend, allen möglichen Völkern an. All das hatte sich schon vor langer Zeit zugetragen, im Jahr 1849, als der zum Tod verurteilte ungarische Ministerpräsident,

Batthyány, den jungen Franz Joseph auf dem Hof der Pester Kaserne, an der südwestlichen Mauer des Neugebäudes, wo das Todesurteil vollstreckt wurde, im Hinblick auf Batthyánys Stand nicht durch den Strang, denn er entstammte einer der ältesten ungarischen Adelsfamilien, die durch Einheiraten mit uralten österreichischen Familien verbunden war, sondern durch Gewehrkugeln aufgereihter Soldaten.

Laut Überlieferung bekräftigte Batthyány vor seinem Tod die bis dahin unvorstellbare politische wie moralische Schandtat, durch die die Infamie des jungen Kaisers zutage getreten war, der den legal gewählten und ihm bis zum Ende unerschütterliche Treue erweisenden Ministerpräsidenten und Repräsentanten der Aristokratie und so auch den Anstand, das Vertrauen in die Privilegien und die dank des gesellschaftlichen Ranges gewährleistete Ruhe verraten hatte, indem er den jungen Kaiser und König, der im Vergleich zu ihm noch ein Kind war, verfluchte. Laut Überlieferung hörten den Fluch, den Graf Batthyány, der Nachkomme der uralten, auch Herzöge stellenden Familie, auf deutsch sprach, da auch seine Muttersprache Deutsch war, im geschlossenen Hof des Neugebäudes nur wenige, gaben ihn aber ins Ungarische übersetzt weiter: »Himmel und Hölle sollen sein Glück vernichten, sein Geschlecht soll vom Angesicht der Erde verschwinden und er selbst soll heimgesucht werden in den Personen derer, die er liebt. Sein Leben sei der Zerstörung geweiht und seine Kinder sollen elend zugrunde gehen!« Dieser Fluch war nun schon dreiundsechzig Jahre alt und lastete schwer auf den Schultern des Kaisers und Königs, der daran zerbrach, dass er den Fluch sich erfüllen sah, der auch ihm zu Ohren gekommen war, an den er aber als junger Mann nicht gedacht und den er zeitweilig vergessen hatte, doch nun war es, als sollte sein langes Leben allein dazu dienen, ihm den Fluch lange zu vergegenwärtigen und sein Leiden in die Länge zu ziehen, indem er neben dem Zerfall des Reiches auch den Niedergang seiner Familie und seiner Lieben erleben musste, am schmerzhaftesten den Selbstmord seines Sohnes und Thronfolgers Rudolf, der gemeinsam mit seiner Geliebten aus niederem Stand Selbstmord beging, was eine Botschaft an seine Eltern war. Dann durfte der Kaiser und König das in den Wahnsinn getriebene Leben seiner Frau mitansehen, ihre Härte und Eigenliebe, dann Selbstanklage, als sie sich nach dem Tod ihres Sohnes in die Selbstzerfleischung flüchtete, bis ein verrückter Anarchist ihr mit seiner gespitzten Feile das Herz durchbohrte und damit auch für immer das des Kaisers, der noch lebte, funktionierte, gleich einer Maschine, mehr noch wie eine Marionette, an der nichts echt war. Und Prag, die nördliche Großstadt des Reiches, blickte in dieser untergehenden und auf Schein gebauten Welt nach Wien, horchte auf die aus den Burgfenstern aufsteigenden Stimmenfetzen, auf den Atem des nachts hochschreckenden Kaisers und Königs und sein Schnarchen, Prag horchte mit immer wieder aufsteigender Hoffnung während der immer wieder eintretenden Stille, dann aber stets enttäuscht, dass der kaiserliche und königliche Körper nach dem hastigen Luftholen doch weiterschnaubte, die Bartbinde fest auf der Zierde dieses Mannes, Schweißperlen auf dem kahlen Schädel, die behende über die Leberflecke hinunterkullerten, und beim Drehen ächzte der schwere Körper, während laut die Darmgase entwichen. Aber er war am Leben. Das heißt, es sah nur so aus. Und unter der Oberfläche nahmen allmählich die Auflösung und der Untergang des Reiches ihren Lauf. Leichengeruch breitete sich überall im Reich aus, und Kafkas nervös empfindliche Nase antwortete mit einem Rümpfen auf diesen schrecklichen, rätselhaften und doch süßlichen Duft.

*

So war es am letzten, dem 30. Tag des Monats Av im Jahr 5672, an einem Dienstag, dem 13. August 1912 nach christlicher Zeitrechnung, als Kafka nach dem Nachmittagsschlaf von der anderen Seite der Moldau, von den Rudolf-Anlagen kommend am Fuße des Hradschin entlangspazierte, in der mild duftenden Luft, die nach dem heißen Sommertag die abendliche Brise gebracht hatte. Die Heimsuchungen des Montags, an dem es ihm am schwersten fiel, den Arbeitsplatz zu betreten, hatte er bereits hinter sich und ging am Abend spazieren. Auch bei der Arbeiter-Unfall-Versicherungs-Anstalt schien der Tag durch die von der Hitze verursachte Langsamkeit wie im Dornröschenschlaf vergangen zu sein, als wäre es immer noch Sonntag, an dem jeder vom Mittagessen schwer im verdunkelten Wohnzimmer auf dem Diwan herumlag, auf den Sonnenuntergang und die darauffolgende Milde wartend, wenn man sich zum abendlichen Korso der Stadt auf die Niklasstraße und den Altstädter Ring begibt, wo die eisgekühlte Getränke feilbietenden Verkäufer ihre Ware bereits ausgepackt haben und zwischen dem in Stroh gebetteten Stangeneis Limonade und gekühlter Himbeer- und Pfirsichsaft perlen. Doch dieser Abend endete anders als sonst für den Doktor, wie man ihn am Arbeitsplatz nannte, sogar seine Freunde titulierten ihn mit neckischer und verspielter Betonung so, wie auch sein Vater, der es allerdings nie versäumte, in diese Anrede auch die Stimme des Spotts hineinzuschmuggeln, was eine den Respekt in Schmeichelei bettende Wendung war. Nach kreisenden Umwegen führte ihn sein Spaziergang zur Wohnung seines liebsten Freundes Max Brod, doch er zögerte die Ankunft so lange hinaus, dass man es bei allen anderen schon als eine grobe Unfreundlichkeit empfunden hätte, Kafka aber erwarb sich bei den Brods gerade dadurch besondere Akzeptanz, dass bei ihm der Tag erst in diesen Stunden begann, er sein Leben nach dem Mondkalender richtete und mit dem Mondaufgang erwachte. Dann begleitete er mit Max jene Dame zu ihrer Herberge, die von diesem Tag an eine bestimmende Rolle in Kafkas Leben übernahm, so wie sie auch in diesem Buch zu einer nicht zu vernachlässigenden Gestalt wird. Es ging auf Mitternacht zu, vielleicht war sie auch schon vorüber, vielleicht war der erste Tag des Monats Elul auch schon angebrochen, als die Sommerhitze allmählich nachließ und die beiden Freunde die junge, heiratsfähige Besucherin aus Berlin unter Lachen und gegenseitigen Neckereien zu Prags neu errichtetem Repräsentationshaus führten, trieben. Die Tage waren immer noch zu heiß, als dass die Abenddämmerung nicht eine größere Verführung zum Spaziergang für all jene bedeutet hätte, denen es ihre Natur und Zeit erlaubten. Der Abend brachte Kafka in Stimmung, seinem neuen Tagesplan nach aus dem Hauptschlaf erwachend, fühlte er sich endlich ausgeruht und frisch. Er spürte, dass er heute Nacht schreiben würde, seine Intuition sagte ihm, dass das, was er heute zu Papier brächte, leicht und packend sein würde.

Kafka und die Wörter

Die Idee für den Abendspaziergang war ihm zwar nicht spontan gekommen, denn den Besuch hatten sie tags zuvor verabredet, und doch ergaben sich bei der Realisierung dieses gar abenteuerlich scheinenden Unternehmens etliche Eventualitäten. So konnte es geschehen, dass Anselm K. sich nicht erinnerte, wie er in diese Stadt, die den Anschein erweckte, aus Wörtern erbaut worden zu sein, geraten war. Die Straßen hatten Namen, geschrieben auf verschiedene Schilder, Schilder aus Blech, die da und dort schon Rostflecke zierten. Als er zu einem der Schilder hinaufblickte, fand er es sonderbar, Ziegenhaufenstraße. Als er sich erneut umdrehte, um das komisch anmutende Wort zu lesen, stand darauf schon Ziegenstraußenstraße. Er erinnerte sich nicht, jemals einem solchen Pflanzennamen begegnet zu sein, weshalb er nochmals überprüfen wollte, ob er sich nicht geirrt hatte. Ziegenleichenstraße – sobald er es gelesen hatte, war er verblüfft und erschrocken über die Bedeutung des Wortes, die er sich sofort vorgestellt hatte.

Schon die vergangene Nacht hatte Anselm K. unruhig geschlafen, weil er wusste, er würde sich mit seinem Vater treffen müssen. Er traf sich nicht gern mit seinem Vater. Dieses schlechte Gefühl, das er sich niemals offen eingestand, schien sein Vater mit ihm zu teilen. Sein Vater war tot, und das machte das schlechte Gefühl nur noch stärker. Warum hat er nicht wenigstens einen Körper?, fragte sich Anselm K. Jeder normale Vater hat einen, trägt ihn ständig, aber nicht einfach wie einen Wintermantel, wenn über der Judengasse Nebel liegt, ein scharfer Wind von der Moldau weht, alle die Mützen auf die Augen ziehen, den Mantel am Hals zusammenhalten, sich nach vorn beugen, sich gleichsam auf den harten, in Hüfthöhe peitschenden Wind legen. In den Straßen der Orthodoxen schwebt der schwarze Kaftan um die leichten, beinahe fliegenden dünnen Körper, die sich nach vorn beugen, den breitkrempigen Hut mit den Händen auf den Kopf zu pressen versuchen, denn was würde der Allmächtige sagen, wenn sie im eisigen Sturm ohne Kopfbedeckung dastünden, ohne Kipa und Mardermütze, kleine kahlköpfige Spatzen, die aus dem Nest gefallen sind. Sie klammerten sich lieber mit aller Kraft an diese Mütze, vorgeschrieben vom GESETZ, dessen Buchstabe wichtiger ist als jeder Sturm und jede Erkältung, wichtiger sogar als das Leben selbst. Deshalb schwebten im Wind, der über die Judengasse fegte, diese Schatten, die Füße hoch über dem Pflaster, die Kaftane wie Flügel um sie gespannt, sie flatterten, geworfen vom Wind, schlugen wie große und unbeholfene Vögel von einer Hauswand an die nächste, pressten die am Kopf klebenden Mützen verzweifelt gegen die Scheitel, und die Schläfenlocken flogen, wirbelten an ihren Ohren.

Arme Juden, dachte Anselm bei sich oder murmelte, brummte es vor sich hin, ihr armen dummen kleinen

Juden, warum steigt ihr nicht auf die Erde hinunter, warum lauft ihr nicht auf euren Füßen, warum wollt ihr nicht begreifen, dass eure Kaftane nur dafür gut sind, dass der Wind in sie hineingreift, euch vorwärts treibt wie der heiße Atem der Wüste die Rose von Jericho, dieses an ein ausgetrocknetes Vogelnest erinnernde anspruchslose kleine Knäuel, damit ihr zwischen den langen Lappen eurer Kaftane herumstolpert, ungeschickt und ständig strauchelnd wie der Rabe, wenn er im Wind zu trippeln versucht.

Du bist schon wieder zu spät, sagte der Vater, der Anselm schon vor dem Haus stehend erwartete, grimmig von einem Bein auf das andere tretend. Unvorstellbar, dass ein Vater am Vorabend von Jom Kippur nicht in die Synagoge ging, selbst wenn er das ganze Jahr über keinen Fuß in das Gotteshaus setzte, zum größten Kummer und Tadel des Rabbi. Doch gerade deshalb war es unvorstellbar, dass der Vater, das Familienoberhaupt, am Vorabend von Jom Kippur nicht in die Synagoge ging, denn das ganze Jahr hatte er fast nie einen Fuß in die Synagoge gesetzt, außer vielleicht, wenn er zufällig, mit einem seiner Geschäftspartner in die Details eines Vertrages oder einer Abmachung vertieft, von diesem dorthin geführt wurde, und er konnte nur an die günstige Gelegenheit denken, an den schon halb bearbeiteten Partner, die viele Arbeit und Energie, die er bisher in die Sache investiert hatte. Deshalb machte es ihm nichts aus und er achtete nicht groß darauf, dass sie nun in die Synagoge gehen sollten, wenn sie schon einmal hier waren und dieser Grün, Gelb oder Schwarz oder wer auch immer heute zum Abendgebet musste, dann ging er halt mit, schließlich wollte er keine halben Sachen, weil dann morgen alles wieder von vorn anfing, zudem war der zu erwartende Vorteil auch nicht so groß, er hätte ihn nicht einmal als Gewinn bezeichnet, dass es sich gelohnt hätte, einen völlig neuen Anlauf zu nehmen. Also einverstanden, würde er halt das Abendgebet mit ihm sprechen, er war ohnehin schon lange nicht mehr dagewesen, und der Rabbi erwiderte seinen Gruß immer mit so einem vielsagenden Tonfall, und weder die Familie noch die Verwandtschaft des Rabbi hätten den Fuß in sein Geschäft gesetzt, nicht einmal aus Versehen. Dann sei es so, während des Gebets würden sie die Einzelheiten noch genauer erörtern, auch den Rabbi würde er groß anlächeln, man sollte sehen, dass er ein guter Jude war, obwohl er seinen Tallit nicht dabeihatte, doch natürlich war er nicht der einzige, der dieses Totengewand, das sich das männliche Familienmitglied bei jedem Gebet anlegen muss. Hermann störte er auch immer, seit dem Tod seines Vaters dachte er nicht gern an den Tod, vor allem nicht an die Möglichkeit des eigenen, doch gerade das bedeutete ja der Tallit, den man unter der Kleidung tragen und dessen Schaufäden schön heraushängen mussten, er würde ihn auch im Grab tragen, er würde darin beerdigt werden, er sollte ihn, seit er Kinder und Frau hat, jederzeit daran erinnern, dass der Tod nun näher war als die Geburt. Und wer dank der Gnade des Ewigen in seinen Kindern Fortsetzung gefunden hatte, der brauchte sich nie mehr vor dem Tod zu fürchten, denn der Allmächtige, gesegnet sei sein Name, hatte ihn durch seine Gnade vor dem endgültigen und unwiderruflichen Tod errettet. Doch das kümmerte Hermann momentan nicht so sehr wie das Geschäft, sein Sortiment, seine Beziehungen, die zwar schwerlich in Zahlen zu beziffern waren, aber dennoch einen bedeutenden materiellen Wert, um nicht zu sagen Marktwert aufwiesen. An diesen Dingen, an dem Bewusstsein, dass all das in seinem Besitz war, hatte Hermann viel mehr Freude, als dass er gewagt hätte, der Möglichkeit ins Auge zu sehen, dies alles könnte er von einem Tag auf den anderen verlieren, und zwar nicht vorübergehend, was er, wenn das Blatt sich gewendet hätte oder infolge seiner Arbeit und Ausdauer wieder hätte zurückgewinnen können, sondern endgültig und unwiderruflich. Das war das Endgültige und Unwiderrufliche, gleich der Schlussformel eines Vertrages, die ihm wie eine juristische Phrase vorkam, Winkelzüge eines Advokaten, leere und sinnlose Worte, ohne die jedoch der ganze Vertrag ungültig war, und dieser schien ihm auf diese Weise wie ein ritueller Text, der ihn stets erschaudern ließ, weil er für ihn unbegreiflich war.

Da war er das letzte Mal in der Synagoge gewesen, und es war ihm in guter Erinnerung geblieben, denn die Abmachung war zustande gekommen und hatte später viel mehr Profit abgeworfen, als im Vorfeld erhofft, und das wertete in Hermanns Augen den Synagogenbesuch auf, im nachhinein schien es doch so, als bestünde zwischen dem Gebet, dem Blick des Allmächtigen und dem auch als Profit interpretierbaren Segen eine Verbindung. Aus diesem Grund blickte er doch anders auf jenen Gott, der sein und seiner Vorfahren Gott war, den seine gojischen Geschäftspartner ihm neideten, wie auch an jenem Abend, als sie den winzigen Saal der Altneu-Synagoge betraten. Doch das war bereits im Herbst, am zehnten Tag des Monats Tischri im Jahr 5672. Und bis dahin ereignete sich noch vieles, wir sollten nicht so weit vorgreifen.

Kafka beim Rabbi

Als Kafka einmal müde wurde und sich zwischen den Worten verirrte, ging er in seiner Verzweiflung zum Rabbi, zu dem die Menschen mit ihren beschwerlichen Angelegenheiten kamen, der Rabbi sollte auch ihm helfen, da es doch seine Aufgabe war, dachte Kafka, denen beizustehen, die sich zwischen den Worten, die das Leben bedeuten, verirrt hatten. Wir wissen nicht genau, was der Rabbi dachte, als diese sonderbare baumlange Gestalt bei ihm anklopfte, an die er sich nur sehr dunkel erinnerte, vielleicht hatte er den Mann schon einmal gesehen, ihm war, als sei dieser an einem der hohen Feiertage in der Synagoge gewesen, und als Kafka sich vorstellte, wusste er gleich, wer er war, denn der Vater, Hermann Kafka, war jedem in der Stadt bekannt, besonders in diesem Bezirk, in dem sich Hermanns Geschäft befand. Kafka stellte sich dem Rabbi als Anselm Kafka vor, mit seinem in der Synagoge gebräuchlichen Namen, denn er glaubte, so gehörte es sich jetzt, so würden es wahrscheinlich auch die anderen machen. Er dachte, dem Rabbi dürfe er seinen bürgerlichen Namen nicht sagen, unter dem er auf den kaiserlichen und königlichen Ämtern registriert war, das heißt den Namen der Knechtschaft und der Fremdheit, oder anders gesagt, den Namen der Schmach, mit dem er, wenn er es sich recht überlegte und unabhängig von allem jüdischen Hokuspokus, dass jeder auch einen anderen Namen habe, tatsächlich absolut nichts zu tun hatte. Ihm war der Name Franz genauso fremd und unbegreiflich wie der Name Isaak und genauso fürchterlich wie der Name Hermann.

Anselm Kafka kannte die Juden nicht, obwohl er immer wieder Juden auf der Straße sah, wie sie immer irgendwohin eilten, weil sie immer in großer Eile waren. Ihre schwarzen Kaftane flogen hinter ihnen her, während ihre Gebetshemden mit den für ihn geheimnisvollen Quasten darunter hervorblitzten. Die Pejes unter den Hüten baumelten. Ständig diskutierten sie, ständig redeten sie über etwas. Sie waren rastlos. Dunkle Gestalten. Das hielt man für jüdisch, das wusste er. Den reichen Juden mit seinem riesigen Wanst, dem großen Doppelkinn, das beim Sprechen erzittert. Allein deshalb erschienen sie ihm verdächtig. An seinem Vater erinnerte nichts an sie, und zu Hause war er es, der am meisten auf die Juden schimpfte. Franz verstand nicht, weshalb sein Vater auf die Juden schimpfte und so tat, als sei er selbst keiner. Der Rabbi aber war zweifellos das, wonach er aussah. Und das flößte Kafka Vertrauen ein, der selbst so aussah, als habe er keine Ähnlichkeit mit dem, der er in Wirklichkeit war.

Ich will Geschichten erzählen, Rabbi, ich habe begriffen, dass mich das Schreiben nur retten kann, wenn ich Geschichten erzähle. Für mich haben die Wörter nur einen

Sinn, wenn sie mich vor dem Leben schützen, und sie vermögen mich vor dem Leben nur zu schützen, wenn ich sie zu Geschichten weben kann, und zwar zu Geschichten, die meine eigenen Spuren, die ich zwischen den Wörtern zurücklassen könnte, auslöschen. Anhand der verstreuten Spuren könnten mich meine Verfolger schnell einholen, sie würden vor der Zeit mein Ende vollstrecken, doch wenn ich diese Spuren auslösche, indem ich sie zu Geschichten webe, hätte ich die Chance zu fliehen. Ich hoffe, Sie verstehen mich. Bitte verstehen Sie mich, flehte Kafka. Denn Sie müssen es ja verstehen. Ich weiß indes nicht, wie man Geschichten erzählt. Die Welt ist voller Geschichten, und doch sagen sie mir nichts. Kaum eine lohnt sich zu lesen. Vielleicht Flauberts Geschichten, ja, wenn Sie wissen, wen ich meine. Ich weiß, auch die Thora ist voller Geschichten. Es sind aber Geschichten Gottes, doch gerade Gott kann ich nirgends finden. Deshalb muss ich Geschichten erzählen, um ihn zu finden. Und da ich nicht weiß, wie man Geschichten erzählen muss, finde ich nirgends den, dem ich die Geschichten erzählen könnte, die meine Geschichten sind.

Sie standen im Innenhof der Synagoge, es war Sommer, die Nachmittagssonne brannte auf sie nieder, der dritte Tag des Juli, ein Dienstag, seit Tagen sogen die Mauern die Sommerhitze auf, verströmten die Steine Wärme, der Duft des am Fuß der Mauer gepflanzten Lavendels beruhigte Franz, langsam stahl es sich in sein Bewusstsein, dass alles, was sie umgab, reine Illusion war, alles bloßer Schein, Lug und Trug. Was jetzt war, konnte sich überall und jederzeit ereignen, und vielleicht ereignete sich all das auch irgendwo und irgendwann, das absolut nicht neu war, zwei Juden unterhielten sich, der eine hatte sich verirrt und erhoffte sich Auskunft von dem anderen, den aber dieses Vertrauen irritierte, der die Verantwortung spürte, die er überall und jederzeit hätte spüren können. Vielleicht wusste der Rabbi, vielleicht spürte er viel genauer all das, was Franz dachte

<Text bricht ab>

Man muss die Geschichte so erzählen, dass man den Menschen mit ihr hilft, gab der Rabbi zur Antwort, nicht ohne zuvor lange in Kafkas Gesicht geforscht zu haben. Er suchte nicht nach den Gesichtszügen von Hermann, an den er sich inzwischen erinnert hatte, sondern nach der Vergangenheit, als sie sich in Jerusalem begegnet sein mochten, Jahrhunderte, Jahrtausende zuvor, oder in Toledo, oder irgendwo am Rhein. Der Rabbi konzentrierte all seine Kraft auf dieses Gesicht, denn die Angst, die er in Kafkas Gesicht sah, ging viel tiefer und wies auf eine größere Ferne als bei den Prager Juden, die ihn zu der Zeit aufsuchten. Die Furcht in Kafkas Gesicht war ihm bekannt, er kannte sie von der in den Jahrtausenden aufgestauten Unsicherheit, die auch der Rabbi in seiner Seele trug.

Den Großteil der Schriften haben wir verloren. Wir haben auch die Wörter verloren, die aufgeschrieben wurden, ganz zu schweigen von denen, die nie aufgeschrieben wurden. Welch großer Verlust, wenn Sie bedenken, junger Mann, lieber Albert Kafka.

Anselm, korrigierte ihn Kafka sofort.

Entschuldigung, Anselm. Denken Sie also daran, dass es nichts gibt im Vergleich zu dem, was wir schon alles verloren haben. Alles, was wir besitzen, kann nur im Licht der unermesslichen Verluste gesehen werden, die uns treffen. Und so gesehen wird klar, dass unsere Lage eher verzweifelt ist, als auch nur zum geringsten Optimismus Anlass zu geben. Und trotz alledem, und Sie wissen das am besten, trotz alledem müssen wir hoffen, schließlich wären auch Sie nicht hergekommen, wenn Sie nicht hofften, wenigstens auf irgendeine Antwort, wenn schon auf nichts anderes, auf eine Antwort, dass wir das Volk der Hoffnung sind, lieber Adolf …

Anselm, so beeilte sich Kafka, den ehrwürdigen Rabbi abermals zu korrigieren.

Anselm, zum Teufel, dass ich Ihren Namen ständig falsch sage, Herr Kafka. Wissen Sie, Herr Kafka, Ihre Frage hat mich völlig aus dem Gleichgewicht gebracht. Nie hat man mich dergleichen gefragt.

Wissen Sie, ich habe mein ganzes Leben darauf gewartet, jemandem erzählen zu können, dass die Hoffnung ist wie unsere Fähigkeit zu vergessen. Beide sind ein großes und gewichtiges Wissen, das aber uns Juden am wenigsten gegeben ist. Das Vergessen, meine ich. Sie sollten es niemals vergessen. Obwohl ich es Ihnen, ich lese es in Ihrem Gesicht, nicht ans Herz legen muss. Schreiben Sie alles auf, ich bitte Sie, schreiben Sie immer alles auf.

Und lesen Sie all das dann immer wieder von neuem, mit der ganzen Seelenkraft, und versuchen Sie, den Sinn des Geschriebenen zu erfassen. Auch unsere Meister haben es in den Jahrtausenden so gemacht. Von ihren Aufzeichnungen ist nichts geblieben, und von Ihren wird einst nur ganz wenig bleiben, doch immer noch genug, viel zu viel, um die Menschen zu verwirren, und zweifellos zu wenig, um ihnen Halt zu geben. Alles Schreiben führt ins Nichts, vergessen Sie das niemals. Obwohl ich das Ihnen, wie ich schon sagte, am wenigsten erklären muss. Und wenn ich Sie bitten darf, übermitteln Sie Ihrem Herrn Vater meinen Respekt. Und ich würde mich freuen, Sie beide am Sonnabend in der Synagoge zu sehen. Der Sohn soll dem Vater folgen. Schalom, sagte der Rabbi noch, doch schon wandte er sich ab und entfernte sich eiligen Schrittes, als hätte er sich schon irgendwo verspätet und müsste seine Verspätung aufholen.

Kafka schreibt

Wir sehen Kafka, wie er am frühen Morgen, etwa gegen vier Uhr, die Sonne ist noch nicht aufgegangen, aber am Horizont dämmert es bereits, über den Tisch gebeugt schreibt, schnell, hastig. Heute Nacht hat er nicht geschlafen, sondern den Rhythmus gefunden. Schon seit Tagen arbeitet er an einer Erzählung, wenngleich er die Arbeit häufig unterbrechen musste. Eine unumgängliche Reise, die ihn nach Leitmeritz führte, war besonders unangenehm. Er war dazu auserkoren worden, die Versicherungsanstalt zu vertreten, weit weg von Prag, in einer völlig bedeutungslosen Angelegenheit, bei der er offensichtlich keinen Fehler machen konnte. Die Reise jedoch war völlig sinnlos, denn die Unterredung war vertagt worden, worüber aber wegen eines bedauerlichen Irrtums keinerlei Mitteilung gemacht worden war. Die Reise brachte Kafkas Arbeitsplan vollständig durcheinander.

Endlich hat er sich wieder an den Tisch setzen dürfen, und nun versucht er, sich in den Zustand zurückzuversetzen, in dem er die Geschichte begonnen hat. Für Franz ist sie, wenn er schreibt, niemals berechenbar. Nur die Richtung ist ihm vage bewusst. Deshalb fühlt er sich jedesmal vollkommen ausgeliefert. Er selbst verfolgt mit Spannung, was mit den Figuren passieren wird. Manchmal machen ihm diese Figuren Vorwürfe, warum er ihnen nicht hilft. Doch Franz kann nichts für sie tun, außer dass er sie manchmal zu zeichnen versucht. Er zeichnet sie so, wie sie sind. Sie sind aus Tinte, skizzenhaft, wie Strichmännchen. Sie haben keine Gesichter, denn dazu müsste man viel mehr über sie wissen. Schwarze Gestalten, aus dem verdichteten Netz der Buchstaben gewoben, und sie nehmen Form an, wenn in der Fläche der verlaufenden Tinte da und dort weiße Flecken geblieben sind. Franz hat Angst vor diesen Figuren, beobachtet sie wie gebannt, er muss auf der Hut sein, da er weiß, dass diese Figuren ihn beobachten und manche von ihnen, die bösartigeren, jederzeit über ihn herfallen könnten. Gespannt öffnet Franz das Heft, um die gezwungenermaßen unterbrochene Geschichte fortzusetzen. In der Hand ein Füllfederhalter, dessen Kappe er sorgfältig abgedreht und vor sich hingelegt hat. Die scharfe Stahlspitze des kleinen Geräts ist auch ein Mittel zur Selbstverteidigung, sollte ihn eine Figur in ihrer Verbitterung womöglich doch angreifen, könnte er sie leicht erstechen. Er hält also, sobald er das Heft öffnet, das an eine Lanze erinnernde Gerät zwischen die Finger gepresst und über die Faust hinausragend bereit wie einen kleinen heiligen Georg, um notfalls eine seiner bösartigen Figuren niederzustechen. Auch deshalb ist es wichtig, dass der ausgewählte Füller von bester Qualität ist. Mit großer Sorgfalt wählt Franz diese Werkzeuge aus, die, wenn es sein muss, ihn auch beschützen. Durch ein kleines Glasfenster kann er kontrollieren, wieviel Tinte noch in dem winzigen Behälter ist. Er beobachtet die kleine Luftblase im Tintenbehälter und sieht in der azurblauen Flüssigkeit Bilder. Er verwendet immer die gleiche Tintenmarke. Zum Schreiben verwendet er einen anderen Füller, abergläubisch überzeugt, ausschließlich damit Erzählungen schreiben zu können. Er hat auch einen Füller zum Romanschreiben. Und an Felice schreibt er wiederum mit einem anderen, eigens diesem Zweck vorbehaltenen Füller. Mit diesem Füller ist er durch eine besondere Beziehung verbunden. Ihn hat Felice berührt, als er ihr an einem dreizehnten August in Max Brods Wohnung die Fotos zeigte, die Hand über den Tisch zu ihr ausgestreckt. Franz' Tischlampe wirft einen blassgelben Lichtkreis auf das Papier und den mit Kirschbaumfurnier verzierten Tisch. Auf den Fotos wechselten schwarze und weiße Flächen einander ab, hier und da leuchtete das Papier hindurch. Auf der matten Oberfläche wirkte alles fahl, das Meer erinnerte eher an Kapuzinerbraun, das Grün der Bäume sah aus wie Schattenrisse, und von den bunten Hüten der Frauen ließ sich wegen der fehlenden Farbe nicht sagen, ob sie zum Besuch Vormittags- oder Nachmittagshüte trugen, sonst hätte man wissen können, zu welcher Tageszeit die Bilder gemacht worden waren. Hier und da nahmen die Flecken bereits bräunliche, kaffeebraune Schattierungen an, und mit der Zeit würden sie ganz verblassen. Auf der gesamten Bildoberfläche würde die Farbe brüchig werden, ganz braun werden und dann eher an mit Fäkalien beschmiertes Papier erinnern. Die Entwicklung war nicht immer einwandfrei gelungen. Die Beschreibung allerdings wird von solchen chemischen Verfahren keineswegs beeinträchtigt, es sei denn die Tinte verblasst vollständig. Deswegen besteht Franz auf der besten Qualität, wie teuer es auch sein mag. Schließlich gibt er nur für wenige Dinge Geld aus. Er kann es sich leisten, auch wenn die Versicherungsanstalt wenig zahlt und er, wie der Vater immer sagt, es immer noch nötig hat, bei ihm sozusagen zu schmarotzen.

Beim Schreiben benutzt Franz wie auch im Amt Ärmelschoner aus Filz, um sein einziges Sakko, das er immer und überall trägt, vor der aufs Papier tropfenden Tinte zu schützen, vor den Klecksen, die man im Schwung des Schreibens unbemerkt verschmieren kann. Franz liebt es, schnell zu schreiben. Wenn die Geschichte aus Schwung, wenn möglich aus einem einzigen Schwung entsteht. Unsicherheiten empfindet er als Verrat. Denn es geht um sein Leben, dessen ist er sich zunehmend sicher. Noch nie zuvor hat er seine Lage so klar gesehen, dass ihm kein anderer Weg mehr offensteht, deshalb hängt er alle seine Ambitionen an das Schreiben, spart all seine Kraft für den Moment auf, in dem er sich an den Schreibtisch setzt. Er hält sich für nicht mehr als ein Medium, das in den Dienst des Schreibens gestellt ist, sein ganzes Wesen besteht aus Warten, aus angespannter Bereitschaft. Er hat sich einer ihm unbekannten, bloß geahnten höheren Macht in den Dienst gestellt, doch wenn es sie gibt, dann dient er ihr. Falls also eine höhere Macht existiert, die ihn benutzen will und vielleicht auch benutzt, so schmiegt er sich ihrem Handteller an, wenigstens als ihr fein gearbeitetes Mittel;

denn wenn nicht, sagt er, dann bin ich nichts und bleibe in der fürchterlichen Leere plötzlich allein.

Doch Schreiben ist ein vergebliches Ziel, wenn es nichts gibt, was das Ziel nicht zum Selbstzweck macht, sondern in Verzicht umzuwandeln vermag. Er musste fast dreißig werden, um zu erkennen, dass er das ständig vor ihm zurückweichende Ziel nur dann zerstören kann, wenn er es zu irgend etwas in Beziehung setzen kann. Das Schreiben kann das gesetzte Ziel nur dann aus den Augen verlieren, wenn er während des Schreibens immer weiß, dass er jetzt anderswo sein müsste, einem anderen die Zeit raubt, die er für das Schreiben verwendet. Wenn Franz sich durch das Schreiben etwas anderem entzieht, etwa dem Arbeitsplatz, der allerdings unpersönlich ist und sich deshalb als nicht wirksam genug erwiesen hat, oder noch eher, wenn er sich einer Person entzieht. Dies aber würde er nur dann als Opfer betrachten, wenn für den, dem er sich entzieht, das Schreiben nicht wertvoll, sondern bedeutungslos ist, jener also nicht spürt, dass er einen Verlust erleidet, dass er einen Konkurrenten hat, auf den er eifersüchtig sein muss. Felice lassen seine Überlegungen kalt, seine Schreibleidenschaft ist ihr unbegreiflich, sie kann Franz' Absage nur so verstehen, dass sie mit dem bodenständigen und greifbaren Ziel einer Familie samt Kind zwangsläufig ein Hindernis bedeutet. Doch da für Felice ihre Büroarbeit, die sie bei der Firma Lingenström & Co. genauso selbstverleugnend, in Franz' Augen eher dem eigenen Selbst sich entziehend, verrichtet, womit sie dem ihrer Mutter gegenüber empfundenen Schmerz Ausdruck verleiht, ist all das nicht so dringend. Sie lässt Franz also Zeit, sie zu überzeugen, was ihm am wichtigsten ist, eine Frage von Leben und Tod, das weiß er immer mehr, das ist das Schreiben. Der Vater hat nicht akzeptiert, dass Franz die Tage mit Schreiben verbringt, als wäre er noch im erwachsenen Alter ein Schüler, den sein Lehrer jederzeit am Ohr packen und auf Maiskörnern knien lassen könne, doch nicht ohne ihn zuvor nach seinen Aufgaben auszufragen und ihn, wenn er keine richtigen Antworten gibt, gedemütigt, in Schande dastehen zu lassen. Der Vater erinnerte sich an die Tage, als er erniedrigt worden war, in den Schulen, die zu verlassen er kaum hatte abwarten können, wie er auch seinen Vater so schnell als möglich vergessen wollte, der mit solch kummervollem Gesichtsausdruck in der Schlächterei herumsaß, zwischen den vielen toten Tierteilen, und beim penetranten Geruch der roten Fleischstücke Gebete murmelte, die Schaufäden des Gebetsmantels zwischen den Fingern reibend, auf eine einzige Sache wartend, das Abendgebet und die Ankunft der Braut namens Sabbat, an dem er beim Betreten der Synagoge wieder spüren durfte, dass auch er ein freier Mensch war. Die Synagoge bedeutete ihm die Befreiung aus dem Reich der Sklaverei. Die hungernden Kinder zu Hause, das gequälte Gesicht der Mutter, der in löchrigen Schuhen schlotternde Hermann, der frieren musste, damit die Familie mehr Einnahmen hatte, und der durch seine Arbeit beim Rabbi das Haushaltsgeld der Mutter aufbesserte, so dass seine Geschwister nicht hungern mussten und am Sabbat Fleisch auf den Tisch kam und der Vater zum Kiddusch-Gebet Wein hatte, ohne den der Tisch am Sabbat nichts wert ist. Doch vergeblich war dann der Tisch am Sabbat schön, vergeblich brannten in den abgenutzten Zinnkerzenhaltern die entzweigeschnittenen und auf Kredit abgehandelten Kerzen, duftete das gebratene Hähnchen und stand der Wein für den Segensspruch im blankpolierten vollgefüllten Zinnbecher, wenn all das lediglich vorübergehend vergessen machen konnte, dass die Leidenschaft für die Heilige Schrift nicht glücklich macht, auch wenn Hermanns Vater das behauptete. Hermann konnte seinem Vater die Unachtsamkeit nie verzeihen, die Tränen der Mutter, ihr stilles Dulden, zu dem sie sich aus Frömmigkeit zwang, das aber ihre Widerstandsfähigkeit aufrieb, und auch die Liebe der Kinder war zu wenig, um sie vor dem frühen Tod zu retten, den Hermann nie akzeptierte und an dem er seinem Vater die Schuld gab. Die Strafe, die er dafür erteilte, war, sich selbst zu verbannen, weit weg, und nichts zu tun zu haben mit jenen jüdischen Dingen, von denen sich der Vater bis zu seinem Tod nicht befreien konnte, dabei hätte auch aus ihm ein vorzüglicher Kaufmann werden können. Hermann hätte es gern gesehen, dass ihm sein Sohn folgte. Doch Franz zeigte kein Interesse am Geschäft. Oft begleitete er den Vater, wenn dieser nach dem Mittagsschlaf zurückschlenderte, zuvor aber Franz, der gegen die Schlaflosigkeit kämpfte und von der Magd in seinem Zimmer eingesperrt worden war, damit er sich ausruhe, befreite, er solle doch mitkommen, wenn er schon nicht schlafe. Dann war ihm Franz besonders dankbar, bewunderte den riesigen Vater, der mit lauter Stimme jeden grüßte, den sie im Treppenhaus und auf der Straße trafen, und dessen Gunst jeder suchte, wenn er den Laden betrat. Hermann hatte den Kaufmannsberuf im Blut, zumindest dachte Franz es sich so, dass er nichts hatte lernen müssen, irgendwie von vornherein gewusst hatte, wie man die Leute mit Schmeichelei und Freundlichkeit, ihre Eitelkeit oder Gewinnsucht ausnutzend, überreden musste, Sachen zu kaufen, die sie kaum brauchten. Hermanns Männlichkeit, mit der er die Männer verunsicherte und die Frauen um den Finger wickelte, war Teil des Geschäfts. Franz sah, wie sein Vater um einen Kunden herumschwirrte, der gut betucht zu sein schien. Er sah es und fand es abstoßend. Dann fand er seinen Vater unmännlich. Er wusste wohl, dass die Rollen zwischen Männern und Frauen umkehrbar sind. Es gibt Männer, die anderen Männern gegenüber die Rolle der Frau spielen. Es schien dann, als entmanne sich sein Vater in der Hoffnung auf ein besseres Geschäft. Franz wusste, dass Hermann in dem Augenblick, in dem der Kunde den Laden betrat, sich bereits für den Umgang mit ihm entschieden hatte. Der Vater spürte, wieviel der Betreffende bei ihm ausgeben würde. Das bedeutet natürlich nicht, dass er auch soviel hat ausgeben wollen, ganz im Gegenteil, so klärte er Franz auf, wenn er besserer Laune und in mitteilsamer Stimmung war oder wenn die heitere Stimmung infolge eines über alle Erwartungen hinaus guten Fangs ihn in seinem Schwung weitertrug. Weißt du, mein Sohn, die wahre Aufgabe eines Kaufmanns ist zu wissen, wieviel man dem Kunden aus der Tasche ziehen kann, auch wenn er in diesem Geschäft nicht im Traum soviel ausgeben wollte. Es kommt vor, dass er gar nichts kaufen wollte und den Laden heute nur aus Langeweile oder Gewohnheit betreten hat, übrigens wider besseres Wissen. Und wenn er hinausgeht und an all den Taumel, den Strudel zurückdenkt, in den er geraten ist, versteht er selbst nicht, warum, und fragt sich, musste ich denn das spitzenbesetzte Höschen kaufen, es hat doch gar nicht die Größe meiner Frau, und ich selbst kann es nicht anziehen, auch wenn der Stoff so fein ist. Oder eine Frau überlegt sich auf dem Nachhauseweg, was ihr Mann sagen wird, warum sie sich zur Bartbinde hat überreden lassen, obwohl er gar keinen Schnurrbart trägt, sondern nur der junge Mann aus der Nachbarschaft.

Da sehe ich mindestens zwanzig Kronen auf uns zukommen. Pass nur auf, wie man es machen muss, sagte er und eilte mit einem unterwürfigen Lächeln, in dem sich Herausforderung und Unverschämtheit mischten, auf die Damen zu. Diese sich langweilenden Bürgerinnen mochten das, den koketten Mann im Papa, und die Männer mochten den katzbuckelnden Rivalen, den geistvollen Gesprächspartner, der ihrer femininen Seite oder gerade ihrer Männlichkeit schmeichelte, selbst wenn sie wussten, dass es nur ein Spiel war, dass dieser Mann nur in der Hoffnung auf Profit liebedienerte und dass dieser Flirt niemals auch nur zum kleinsten Ehebruch führen würde. Nicht einmal die Versuchung war echt.

Franz wollte nicht Kaufmann werden, im Amt war das Verhältnis der Rollen klarer, wenngleich auch dort nicht weniger Verstellung und Schauspielerei gefordert war. Kafka beschloss schon früh, sich durch das Schreiben aus all dem zu retten, mit dem sein Vater ein Leben lang nicht fertig wurde, und während der Vater stolz war auf das, was er erreicht hatte, ganz allein, wie er gern betonte, ohne jede Hilfe, spürte, ja, wusste Franz, dass ihn das Schreiben davor bewahren würde, so zu werden wie sein Vater, den er für sein ganzes vergeudetes Leben bemitleidete. Für die Blindheit, mit der ihn die Götter gestraft hatten. Anstelle der stahlgrauen Augen des Vaters sah Kafka zwei blutige Löcher, aus denen eitrige Flüssigkeit auf die geschmackvoll und mit großer Sorgfalt gebundene Krawatte tropfte, stets gebunden von der Mutter, weil Hermann es nie gelernt hatte, dieses seiner Meinung nach überflüssige und sinnlose Kleidungsstück natürlich zu tragen beziehungsweise zu binden. Juden tragen keine Krawatte, was soll das, was für ein überflüssiges Dekor. Nur gut, um beim nächsten Pogrom die Juden aufhängen zu können. Oder um sich selbst aufzuhängen, knurrte er noch lange, murrte und ging allen auf die Nerven, wenn er anlässlich familiärer Ereignisse doch klein beigab und sie sich von Julie umbinden ließ. Später gewöhnte er sich an die Krawatte, hielt sie sogar für unerlässlich bei der Arbeit und befreite sich damit von der obligatorischen Scham, schließlich waren es, nachdem er das Galanteriewarengeschäft eröffnet hatte, diese spezifischen Kleidungsstücke, die ihm den größten Gewinn einbrachten, es geziemte sich also, im Geschäft mit den modischsten Krawatten zu erscheinen.

Schreiben ist die reinste Tätigkeit, man übt sie aus, um sich vom eigenen Gewicht zu befreien, das derart schwer wiegt, dass es einen mit der Zeit unter sich zu begraben droht. Durch seine Irrtümer, durch das falsche Bild von sich, das die Fesseln um ihn immer enger zieht, lastet jedes einmal ausgesprochene, jedes verflogene Wort wie Blei auf ihm, bis er unter dem Gewicht allmählich zusammenbricht, was den Luxus des eigenen Lebens bedeutet, notierte Kafka, voll jener Zweifel und Lügen, mit denen die eine Generation arglos die nächste ablöst. Mit welch trockenem Mund ich Nacht für Nacht am Schreibtisch warte, bar jeder Hoffnung vor der Ödnis des weißen Papiers, und ich muss die Augen schließen, um von diesem Leuchten des Nichts nicht geblendet zu werden, und wie geknickt schleppt sich mein Füller in der krampfhaft gebogenen Hand, wandert vergeblich jeden Abend ans Ufer der Lethe, um Labsal zu finden für mein Schmachten, das mit dem Verlust der Erinnerung in mir aufsteigt, wenn ich schreibe.

Kafka und die Buchstaben

Einmal kam ein frommer Kaufmann vom Markt zurück, und er hatte, du weißt, tags zuvor etwas zu viel Wein getrunken. Er war zufrieden mit dem guten Geschäft, hatte er doch gar nicht damit gerechnet. Du weißt, ein armer Mann, der immer nur verliert, und auch beim Geschäft verliert, gewöhnt sich daran, dass ihm keine Gewinne gelingen. Er rechnet immer nur die Menge der Verluste zusammen, dass es für das Kind kein Spielzeug geben wird, kein Geschenk, dass er wieder nur die Nörgeleien der Frau zu hören bekommt. Das alles addiert er zusammen, wenn er wegen des geringen Verlusts, den er zu der winzigen Einnahme in Kauf nehmen muss, gezwungen ist, den Gedanken aufzugeben, jemals aus einem Geschäft Nutzen zu ziehen. Wer mit leeren Händen dasteht, muss das Angebot, das man ihm macht, annehmen, wenn nicht, kann er auf das nächste Angebot warten, bis der Messias kommt. Doch der Messias wird erst kommen, wenn bereits sämtliche unvorteilhaften Geschäfte auf Kosten der Reichen und der Armen gemacht sind. Na, du weißt ja, wenn der Arme sich freut, kann er sich auch dann nicht ungetrübt freuen. So erging es auch unserem Mann, der wegen des diesmal nicht so schlechten Geschäfts und auch wegen des ständig schlechten Gewissens, das sich an den schlimmen Tagen in ihm aufgestaut hatte, mehrmals den Segen sprach für den, der uns den Wein gegeben hat, und auch für den, der uns den guten koscheren Schnaps gönnte, gesegnet sei sein Name, und sich deswegen wie zur Strafe später auf den Weg machte, als er es tags zuvor noch geplant hatte. Die Strafe kam auch prompt, denn die nach wenig aussehende Fracht erwies sich als zu schwer für den alten Wagen, und er brach an einer Seite. Er wankte und kippte um, musste also repariert werden, alles musste ab- und dann wieder aufgeladen werden. Die Zeit verging, am herbstlichen, bewölkten Himmel ging die Sonne früh unter, und es begann schon zu dämmern, als er seinen Weg fortsetzen konnte. Schon bereute der fromme Mann seine Schuld, doch es war nichts zu machen, er musste einsehen, Schande hin oder her, dass er sich noch mehr Schuld aufladen würde, indem er den Feiertag nicht einhielt und der zu Jom Kippur sich in der Synagoge versammelnden Gemeinde fernblieb. So steuerte er auf einen verlassenen Stall zu, den er am Wegrand erblickt hatte, denn er hatte beschlossen, den Feiertag, so traurig das auch sein mochte, allein zu begehen, umso mehr, als dass dann die Frau seinen Kater, wenn er nach Hause kam, nicht mehr bemerken würde. Vorausgesetzt, er war in das Buch des Lebens eingetragen. Darüber kam ihm wenig, aber etwas umso Fürchterlicheres in den Sinn, denn das Buch, in das die emsigen Diener des Allmächtigen, gesegnet sei sein Name, die Namen der Sterblichen einschrieben, freilich streng nach deren Verdiensten, war für ihn das fürchterliche Geheimnis schlechthin. Das Geheimnis der Geheimnisse.

Reise nach Leitmeritz

An diesem Morgen wachte K. früher auf als gewöhnlich.
Auch sonst hatte er ständig Schlafprobleme. Sein neuer
Tagesplan, mit dem er die Magenbeschwerden und seine
Beziehung zum Schreiben besser in den Griff bekommen
hatte, funktionierte noch nicht einwandfrei oder wurde
von den Erwartungen am Arbeitsplatz und seitens der
Familie über den Haufen geworfen. Er schlief wenig und
unruhig, noch dazu nach einem ganz anderen Rhythmus,
als Menschen es gewöhnlich tun. Doch jetzt war er noch
unruhiger als üblich. Er reiste nicht gern, er hasste das
Reisen. Weshalb er es nach Möglichkeit aufschob.

Der Lärm der Menschen, ihre Aufdringlichkeit war ihm
unerträglich. Er sprach nicht gern mit ihnen, jede Unterhaltung trieb ihn immer nur weiter weg von dem Ziel, das
er sich gesetzt hatte. Dieses Ziel war die schnellstmög-
liche Ankunft, damit er sich dabei die Einheit des Reisens
bewahren konnte. Unterhielt er sich aber mit jemandem,
hatte er plötzlich das Gefühl, seinen Körper zu verlassen
und diese hochgeschossene Gestalt von außen zu sehen.
Wenn er sich unterhielt, spürte er sofort, dass es ihm nicht
gelang zu sagen, was er sagen wollte. Während irgendein
Mantel ihm auf den Schultern hing, an dem nichts auszusetzen gewesen wäre, hätte er ihm nur nicht so idiotisch
gestanden. Auch der Hut auf seinem Kopf war nicht viel

beruhigender. Hinter der ganzen Boheme steckte eine erbarmungswürdige Sehnsucht zu genügen, wodurch die Szene ihre ganze Anmut und Naivität verlor.

Die zwanghaften Gespräche, die an solchen Orten, zum Beispiel in einem Waggon der Eisenbahn zustande kamen, brachten Kafka ganz durcheinander. Die vom Reisen verursachte Verdoppelung bewirkte, dass er sich gleichzeitig von außen und von oben sah beziehungsweise dass er auch in der Situation war auf eine Weise, bei der sich Körper und Seele, wie man sagte, voneinander trennten. Darunter litt Kafka auch sonst, weil ihm dadurch jeder Augenblick seines Lebens so vorkam, als wäre er darin nicht anwesend, sondern zugleich auch außerhalb. Nun wurde er durch die Reise von diesen Ängsten eingeholt, er sah sich von außen.

*

Kafka trat aus dem Haus Niklasstraße Ecke Josephplatz, bekannt in Prag als das Haus »Zum Schiff«. Rechter Hand gähnt noch immer ein leerer Platz zwischen den Häusern, der Rand des zerstörten Ghettos. Neuerdings interessiert sich Kafka für diese jüdischen Dinge, von denen sein Vater stets mit Verachtung und Geringschätzung spricht. Die Juden würden sich am Aberglauben orientieren, am gefährlichsten seien die galizischen Juden, die Chassidim würden weiterhin in Ghettos leben, die sie selbst aus Wörtern, Aberglaube und Ammenmärchen errichten. Das sind Juden, die man aus den Ghettos nicht herausführen kann. Mit ihrer sturen Anhänglichkeit, sage ich euch, sagt der Vater, werden sie auch noch fordern, dass man ihnen erneut Ghettos bauen soll, damit sie bei ihren Albernheiten nicht von anderen Juden belästigt werden. Es steht geschrieben: Verflucht sei, wer Menschen vertraut, und sie müssten doch wissen, dass es weder Wunder noch Wundertäter gibt. Es gibt nur Blender und Geblendete. %% Der Wind trägt den Duft der Moldau von der Čechbrücke herüber. Um diese Zeit fahren die Straßenbahnen noch nicht. Kafka richtet seinen modischen kleinen Zylinder, den er anlässlich der Reise aufgesetzt hat, er trägt ihn nicht regelmäßig. Im Interesse der Angelegenheit muss er seriöser wirken, als man ihn hier in Prag sehen mag. Die Interessen der Anstalt sind auch seine Interessen, obschon er diese Reise zum Teufel wünscht. Der Morgendunst glänzte noch auf dem Kopfsteinpflaster. Hier und da rutschte Kafka auch aus. Besorgt verglich er seine Uhr mit der Turmuhr, doch ein winziger Unterschied: die eine ist eine Armbanduhr, die andere eine Turmuhr, stellt er fest, die Zeit stimmt nicht, aber er macht daraus keine große Sache, schließlich hat er sich daran gewöhnt.

Wie er an den Schaufenstern entlangschritt, erblickte Kafka im Glas neben sich seinen Zwillingsbruder. Er sah genau hin, eine große, fast schon lächerlich baumlange Gestalt huschte neben ihm her. Von Zeit zu Zeit verschwand sie, um auf der beschlagenen Glasscheibe des nächsten Schaufensters wieder aufzutauchen. Als Kafka stehenblieb, um das im Schaufensterglas sich spiegelnde Bild gründlich in Augenschein zu nehmen, hielt auch sein Zwillingsbruder inne und wandte sich ihm unschlüssig zu. Der Mantel, ein Herrenmantel von durchschnittlicher Länge, den jetzt im Herbst jedermann trug, sah an Kafka ulkig aus. Die Beine hingen wie Kordeln herab, und wenn er lief, besonders wenn er sich beeilte, war der Oberkörper nach vorn gebeugt, und der Mantel baumelte, flatterte im Wind wie eine umgedrehte Haube oder erinnerte mehr noch an eine schwingende Glocke, und die darunter schlenkernden Kordelbeine schienen sich beinahe zu verheddern. Das sah Kafka auch jetzt, die seltsame, unregelmäßige Linie der einwandfrei auf Falte gebügelten, mit Tusche gezeichneten Beine seines Zwillingsbruders, die sich an der Schaufensterfuge brach. Da fehlte der Linie ein etwa zehn Zentimeter langes Stück, dann lief sie weiter. Das fand er sonderbar.

Nun aber fesselte etwas anderes seine Aufmerksamkeit. Er sah, dass ihm noch zwei andere Gestalten folgten, die wie seltsame Agenten aussahen. Der eine zog, während er heftig gestikulierte, ein Küchenmesser mit breiter Klinge aus der Innentasche. Begleitet von protestierenden Bewegungen des anderen steckte er es schnell wieder in die Innentasche seines Sakkos zurück, in der man normalerweise keine Küchenmesser trägt. Vor allem da es sich um Leute handelt, die aussehen wie Agenten, scheint das alles äußerst überraschend. Kafka ging schnell wieder zur Tagesordnung über, indem er versuchte, sich einzureden, dass er sich offenbar geirrt oder vielmehr sich das Ganze nur eingebildet hatte. Davor hatte er im Vorübergehen in einen Toreingang hineingespäht und im Mauerwinkel eine sitzende Leiche erblickt. Das bewiesen die aus dem Mund quellende blutige Kotze, die unnatürliche Starre des Körpers und die verdrehten Augen, für jedermann schon von weitem feststellbar. Auch für Kafka war es selbstverständlich, dass ein Körper, der solche Zeichen und Symptome aufwies, höchstwahrscheinlich eine Leiche war, weshalb er weder näher herangehen noch die Angelegenheit gründlicher untersuchen wollte. Im Büro hatte er ziemlich schnell gelernt, die Dinge nicht mit Leidenschaft und Interesse zu prüfen, besonders wenn sie nicht zum eigenen Aufgabenbereich gehörten. Dieser Regel gehorchend verhielt er sich auch jetzt und beschleunigte eher seine Schritte. Von alldem beeindruckt, verstärkte sich sein Gefühl, dass die beiden Männer ihm nicht zufällig folgten, sondern absichtlich, sozusagen im Auftrag. Er musste den Bahnhof erreichen, dann war er gerettet, so dachte er, denn dort lungerten so viele Menschen herum, dass man ihm nichts mehr anhaben konnte. Also überlegte Kafka, seine Verfolger abzuschütteln, indem er sich zur Tür eines Hauses mit Hinterausgang schleichen und die Tür öffnen würde, doch bevor er sie schließen würde, würde er die Klinke rasch mit seinem monogrammierten Taschentuch abwischen, so als wäre sie bloß eine Zeichnung. Durch das nicht abgewischte Schlüsselloch würde er hinter der Tür seine Verfolger hören, ihrem Gespräch lauschen; und wenn er den Bahnhof erreicht, würden die beiden Männer ihn bereits erwarten, diskret grüßen, sich dann unter die Menge mischen und getarnt seine Verfolgung fortsetzen. Und wenn er die Stufen zum Zugabteil hinaufsteigt und zurückblickt, würde er die beiden Männer sehen, die ebenfalls den Zug besteigen. Doch sie reisen zweiter Klasse. Das beruhigt ihn. Dass es zwischen ihnen einen Unterschied gibt, wenn auch nichts sonst, so sind wenigstens ihre Wagenklassen verschieden.

Mein lieber Sohn,

ich hoffe, mein Brief trifft Dich bei guter Gesundheit
an und Du nimmst auch ordentliche Mahlzeiten zu Dir,
nicht nur dieses Grünzeug für Kaninchen. Verzeih, dass
ich es wieder zur Sprache bringe, aber ich bin ein ein-
facher Dorfjude, der sich freute, wenn am Sabbat Gänsebraten auf den Tisch kam, weil er die ganze Woche nur
gehungert hatte. Auch wenn mein Vater anfangs die
Schlächterei besaß, auch wenn dort die schönen großen
geräucherten Gänsekeulen hingen und auf dem Laden-
tisch Enten lagen, wir durften nicht davon essen, weil die
Miete bezahlt werden musste und der Kredit, den mein
Vater für die Gründung des Geschäfts aufgenommen
hatte. Jahrelang sahen wir Kinder den Papa sehnsüchtig
an, der mit seiner wunderschönen Kappe im Laden stand,
unter seinem schwarzen Kaftan baumelten die Schaufäden des Gebetsmantels herab, nur eine weiße Schür-
ze hatte er sich umgehängt, denn von einem Fleischer
wurde schon damals erwartet, dass er sich weiß anzog,
selbst wenn er Jude war. Zum Sabbat saßen wir nur über
Resten, der Vater hatte die Stücke mitgebracht, die er von
hier und da abgeschnitten hatte, damit seine Ware besser
aussah. Er war ein koscherer Fleischer, aber es gingen
auch Gojim zu ihm, weil er stets akkurat wog und niemals
ein krankes Tier in seinen Laden ließ. Den Tag begann

der Vater in der Synagoge, dann machte er den Laden auf, doch er konnte kaum erwarten, dass die Zeit für das Abendgebet kam. Er nahm nie mehr, als die Ware kostete. Gab keiner Versuchung nach. Übrigens, aber das habe ich schon oft gesagt, war er so groß und dünn wie Du, und wenn ich es mir richtig überlege, aß auch er kein Fleisch. Ein Mann ist nicht schwach, sagte er immer, doch ich sah ihn weinen, wenn der Schächter den jungen Kälbern mit dem Hammer auf den Kopf schlug und ihnen sogleich den Hals durchschnitt, um das Blut herausfließen zu lassen. Die Hände des Schächters waren blutig, auch auf sein Gesicht spritzte Blut, aber er war schnell, und das Tier verspürte keinen Schmerz, der Schlag betäubte es, und in diesem seltsamen ohnmachtähnlichen Traum traf es das Messer des Todesengels. Gemeinsam mit dem Schächter sprachen sie über dem Kalb den Segen, dann war der Vater in seinem Element. Doch er weinte, wenn das Blut in den Trog floss. Sie warteten ab, bis das Leben spendende Rot aus dem Körper geflossen war, legten dem Tier eine Schlinge um die Füße und hievten es mit der Winde hoch, damit es leichter ging. In des Vaters Augen standen Tränen, er blickte den Schächter nicht an, der wusste, dass der Vater weinte. Dann leitete er den Schächter, der bereitwillig an diesem Ritual teilnahm, an, weil der Vater am liebsten über den Talmud nachdachte, das gab ihm Trost und lenkte ihn ab. Und der Schächter stellte Fragen und trank die Worte des Vaters, während die Erde und der Trog das Blut des Kalbes tranken. Der Vater lebte in der Schrift, alles andere berührte ihn kaum. Während er dem Schächter die Schrift erklärte, schnitten sie das Tier auf, untersuchten seine Eingeweide, um zu sehen, ob das Tier krank gewesen war. War alles in Ordnung, bereitete der Vater die Teile zum Verkauf vor. All das tat der Vater für seine Familie, in jenem Dorf versprach gerade eine Schlächterei ein gutes Geschäft, die Idee war gar nicht schlecht. Allmählich klappte es mit dem Laden, der Vater erwarb sich bei den Kunden Respekt, und die Familie fand ihr Auskommen. Papa konnte immer öfter in die Synagoge gehen, im Laden durfte er nicht lesen, doch wenn die Kunden nicht gerade Gojim waren, sondern Glaubensgenossen, führte er mit ihnen den Pilpul.

Ich weiß auch nicht, warum ich Dir das alles erzähle. Vielleicht damit Du weißt, dass Dein Großvater als frommer Jude koscheres Fleisch aß, wenn auch nicht oft, und dass das keine Sünde ist. Auch er empfand das Geschäft als Gefängnis, stand die nötige Zeit durch und ging dann in die Synagoge. Er hätte auch ein erfolgreicherer Geschäftsmann sein können, wenn er mehr gewollt, sich schlauer angestellt, nicht jahrelang an den alten Preisen festgehalten hätte, obwohl das wegen der Inflation kaum noch Gewinn abwarf, meine Mutter sagte vergeblich, du müsstest die Preise erhöhen, die können doch nicht erwarten, dass du draufzahlst. Inzwischen kaufst du die Tiere für mehr Geld, als wofür du sie verkaufst. Doch mein Vater gab jahrelang nicht nach, das dürfe man nicht, auf keinen Fall, wie könne er von der armen Frau Friedmann mehr verlangen, sie habe nicht das Geld, sie habe acht Kinder und muss sie ernähren, und auch das sei immer schwerer, die Heranwachsenden essen so viel, dass man sie kaum satt kriegt. Aber genau so wollen doch auch deine Kinder mehr essen, zum Beispiel Hermann, er ist so groß wie du, aber zweimal so muskulös, ich kann ihn nicht hungern lassen. Doch der Vater ließ sich nicht beirren, bis er auf Kredit kaufen musste, was er meiner Mutter verschwieg, und als es herauskam, erhöhte er endlich die Preise. Viele der anständigen Kunden hatten die Differenz meiner Mutter gegeben, damit der Laden nicht pleite ging. Nun, so ein Kaufmann wollte ich nicht werden. Meine Mutter sagte, besser, wenn ich die Thora gar nicht erst lese, denn das habe meinen Vater verrückt gemacht. Ein Kaufmann soll kein Gelehrter sein. Das sei Sache der Rabbis. Und das sehe ich ebenfalls so. Auch Dir kann ich nur das sagen. Dabei bist Du gar kein Kaufmann geworden, was mich einigermaßen beruhigt, mich, dem tagtäglich der Tod droht, und was wird dann aus Deiner Mutter und Deinen Schwestern. Deshalb ließ ich Dich Beamter werden, der nichts riskiert, nicht entscheiden muss, was er für wieviel verkauft, er kann dann vielleicht seine Familie ernähren, wenn er fleißig und ehrlich ist bei dem, was er tut. Bei der Versicherung bist Du noch am besten aufgehoben, passe gut auf diesen Arbeitsplatz auf, denn wenn ich nicht mehr bin, wirst Du Deinen Mann stehen können.

Ich bin ein schlechter Jude, dazu aber hat mich das abschreckende Beispiel meines Vaters gemacht, und doch kenne ich die Schrift gut genug, um zu wissen, dass Abraham kein so guter Vater war. Damals war alles noch anders, Väter durften ihre Kinder sogar verkaufen, wenn die Lage es erforderte. Aber was Du mir geschrieben hast, dass Du mich für alles verantwortlich machst, das konnte ich bis heute nicht verwinden, dabei ist es schon einen ganzen Monat her. Es erfüllt mich mit Schmerz, ich beende also meinen Brief, weil ich spüre, wie sehr es mich angreift.

Kafka am Fenster

Wir sehen Kafka beim Aufwachen im neuen Mietspalast
»Zum Schiff«, dem unlängst erbauten Schmuckstück
Prags am Rande der Altstadt und der Josefstadt, des
alten Ghettos, am Ende der den Altstädter Ring mit der
entstehenden Čechbrücke verbindenden Niklasstraße,
bevor die Straße auf die Brücke hinaufführt. Die Unord-
nung auf dem Platz vor dem Brückenkopf und das leere
Grundstück ermöglichten gleicherweise einen guten
Rundblick. Noch liegt das wundervolle tiefblaue Licht
des Augusthimmels über der träge fließenden Moldau
und dem nach Prinz Rudolf, dem Thronfolger, benannten
Park jenseits der Moldau, über den kurvenreichen Pfaden
des Belvedere. Nach dem Aufwachen, wenn er vom
Faulenzen im Bett schon genug hatte, sah Kafka gern
aus dem Fenster. Besonders lieb war ihm der Rahmen
des Fensters, von dem aus er das Leben draußen wie ein
Beobachter verfolgen konnte. Über die Ankündigung des
Papa, vom alten Haus »Zu den drei Königen«, wo sie eine
Wohnung in der zweiten Etage gemietet hatten, in das
bald fertige, neue Prachthaus umziehen zu wollen, hatte
er sich sehr gefreut. Dank des Geschäftsglücks des Vaters
hatte es für die größere Wohnung in der vierten Etage
des Prachthauses gereicht, das die Embleme des Neuen
Stils trug. Auch Franz' Zimmer war hier größer als zuvor

in der zweiten Etage in der Zeltnergasse. Dabei hatte er auch dort gern vom Fenster aus die Straße beobachtet, den Kurzwarenladen gegenüber, die davorstehende, auf die Kundschaft wartende Verkäuferin, die den Laden betretenden und sich dann mit den gewohnten Worten verabschiedenden Kunden, und er sah den morgens fortgehenden und zu Mittag heimkehrenden Vater. Den nach dem Nickerchen am Nachmittag schon etwas müder in sein Geschäft zurückkehrenden Hermann Kafka, der in der reglosen Mittagshitze vor sich hin pfiff. Die Kutschen, in denen die Fahrgäste saßen, die Spaziergänger am Abend, wenn die trockene Hitze nachgelassen hatte.

Aus der vierten Etage war die Perspektive weiter, er sah in die Ferne, sah außer dem Stück Himmel vielleicht auch den Berghang am anderen Ufer der Moldau, die winzigen, sich bewegenden Punkte im Kronprinz-Rudolf-Park, Spaziergänger am Sonntagnachmittag, er konnte den Rauch der flussauf und flussabwärts fahrenden Dampfschiffe sehen und den heißen Dampf bei Ertönen des Schiffshorns, das mit seinem scharfen Klang die Pfeife, das Schiffshorn, ertönen lässt und den entgegenkommenden Lastkähnen Signale sendet, manchmal auch einer anderen Linie, oder bloß Grüße den am Ufer entlang Flanierenden. Von seinem Zimmer aus sah Kafka das leere Grundstück vor dem Haus, den Josephplatz
<Text bricht ab>

Die Brücke wurde ein Jahr nach dem Umzug der Kafkas aus der Zeltnergasse eingeweiht. Inzwischen hatten sie sich an den Stadtrand gewöhnt, an den eigenartigen Lärm, der zur vierten Etage zum Glück nicht mehr so laut heraufdrang. Die Bauarbeiten störten sie noch lange, die von dort aufsteigenden Geräusche waren für Franz' empfindliche Ohren unerträglich. Sein Arbeitsplatz ermüdete ihn derart, dass er sich zu Hause nach dem Mittagessen schlafen legen musste. Mit der Zeit dauerte der Nachmittagsschlaf immer länger. Als die Brücke 1908 dem Verkehr übergeben wurde, setzte sich ein ganzes Heer neugieriger Prager in Bewegung, um das besondere Ereignis mitzuerleben, bei dem auch mit dem Erscheinen der Honoratioren der Reichs- und der tschechischen Regierung sowie der Kirche zu rechnen war, dann nach dem Volksfest leerte sich die Gegend um den Josephplatz und überließ das Terrain dem friedlichen Rhythmus der reichen Innenstadt. Am Abend oder in den frühen Morgenstunden fuhren Lastwagen über die Brücke. Die Läden und Restaurants in der Umgebung erledigten diskret ihre Dinge. Nach jeder Dämmerung erglühten die Bogenlampen auf der Brücke, auf der die nach dem Abendessen mit einem unruhigen Magen kämpfenden satten Bürger hinüber- und herüberspazierten. Nur an den Sonntagnachmittagen sprudelte das Leben, wenn die Dienstmädchen der Bürgerfamilien ihren Wochenausgang hatten und spazierengingen, den Blick sanft gesenkt, doch gleichzeitig auch die Soldaten beobachtend, die ebenfalls Ausgang hatten, und die Handwerksgesellen, die mit dem Ziel eines Flirts, eines flüchtigen Abenteuers oder der Brautschau die Mädchen musterten.

Franz aber schlief den Nachmittag durch. Die Wochentage verliefen im Zeichen des Leidens am Arbeitsplatz. Er konnte ihn sich nur schwer erträglich machen, bis dann im siebenten Berufsjahr der Magen seinen Dienst versagte, parallel dazu, wie er selbst seinen Dienst leistete. Die ihm von namhaften Spezialisten empfohlenen Pulver nutzten nichts trotz der diversen Regeln für die Anwendung, wann er welches davon einzunehmen hatte. Der reinste Hokuspokus, dachte Franz, er traute den Ärzten nicht. Doch auch die Sanatorien halfen nicht, die in Mode gekommen waren und neuerdings von den Bürgern in immer größerer Zahl besucht wurden, besonders von Damen, einsamen Ehefrauen, die ihre Kinder in Internaten unterbrachten, wie das bei den Familien des aufstrebenden Bürgertums immer üblicher wurde, den Frauen blieb nichts, keine Aufgabe, nur das Kommandieren der paar Dienstboten. Um die Kinder kümmerten sich ohnehin die Ammen und Kindermädchen, die Abende widmete die Mutter gemeinsam mit ihrem Mann dem Gesellschaftsleben, am Morgen war sie noch müde, mittags ängstlich um das Kredenzen der Mahlzeit besorgt, nach dem Kaffee und der für die Gesundheit unerlässlichen Siesta kontrollierte sie die Küche und die Köchin, begutachtete die Speisekammer und ließ sich das Haushaltsgeld abrechnen. Die Jahre vergingen, und es blieb nichts außer dem Sanatorium, in das sie der Mann wegen des Geschäfts, der Fabrik, des Amts und anderer Beschäftigungen nicht begleiten kann. Als wären es Luxusgefängnisse, versammelten sich in den Sanatorien diejenigen, die unter diesen vornehmen Bedingungen gefangen gehalten wurden, weil sie mit der Welt nichts anfangen konnten. Fliehen konnten sie nicht, sie hatten nicht genug Kraft, und auch ihre Phantasie ließ sie nicht.

Infolgedessen bedeutete mein Erscheinen zu so später Stunde – es dürfte wohl schon 9 Uhr vorüber gewesen sein – eine gewisse Drohung. Es standen einander also in den Köpfen der Familie zwei Besuche gegenüber: Sie, der man gewiss nur alles Gute und Höfliche erweisen wollte, und ich, der berufsmäßige Schlafstörer. Für Sie wurde z. B. Klavier gespielt, für mich z. B. focht der Otto gegen den Ofenschirm, was sich als Hinweis auf die Schlafenszeit mir gegenüber schon eingebürgert hatte und, wenn man es nicht wusste, recht unsinnig und ermüdend aussah. Nun war ich nicht im geringsten darauf vorbereitet, einen Besuch dort anzutreffen, sondern hatte nur eine Verabredung mit Max, um 8 zu kommen (ich kam wie gewöhnlich eine Stunde später) und mit ihm die Reihenfolge des Manuscripts zu besprechen, um die ich mich bis dahin gar nicht gekümmert hatte, trotzdem es am nächsten Morgen weggeschickt werden sollte. Nun fand ich einen Besuch vor und war darüber ein wenig ärgerlich. Im Gegensatz dazu stand allerdings wieder, dass ich durch diesen Besuch gar nicht überrascht war. Ich reichte Ihnen über den großen Tisch hin die Hand, ehe ich vorgestellt war und trotzdem Sie sich kaum erhoben und wahrscheinlich keine Lust hatten, mir Ihre Hand zu reichen. Ich sah Sie nur flüchtig an, setzte mich und alles schien mir in bester Ordnung, kaum dass ich von Ihnen die leichte Aufmunterung fühlte, die mir Fremde innerhalb einer bekannten Gesellschaft immer verursachen. Brachte ich in Abrechnung, dass ich mit Max das Manuscript nicht durchsehn konnte, so war das Hinreichen der Thaliaphotographien eine sehr hübsche Abwechslung. (Für dieses Wort, das sehr gut den damaligen Eindruck beschreibt, könnte ich mich heute, wo ich so weit von Ihnen bin, schlagen.) Sie nahmen das Anschauen der Bilder sehr ernst und sahen nur auf, wenn Otto eine Erklärung gab oder ich ein neues Bild reichte. Einem von uns, ich weiß nicht mehr wem, passierte bei der Auslegung eines Bildes irgendein komisches Mißverständnis. Um die Bilder anschauen zu können, ließen Sie das Essen und als Max irgendeine Bemerkung über das Essen machte, sagten Sie etwa, nichts sei Ihnen abscheulicher als Menschen, die immerfort essen. Zwischendurch läutete (es ist lange danach, um 11 Uhr abends, wo sonst meine eigentliche Arbeit beginnt, aber ich kann von dem Brief nicht loskommen), es läutete also und Sie erzählten von der Einleitungsszene einer Operette »das Autogirl«, die Sie im Residenztheater gehört hatten (gibt es ein Residenztheater? Und war es eine Operette?), in der 15 Personen auf der Bühne stehn, zu denen aus dem Vorzimmer, aus dem man das Läuten des Telephons hört, irgendjemand tritt und jeden einzelnen der Reihe nach mit der gleichen

Formel auffordert, zum Telephon hinauszugehen. Ich weiß auch diese Formel noch, aber ich schäme mich sie aufzuschreiben, weil ich sie nicht richtig aussprechen, geschweige denn niederschreiben kann, trotzdem ich sie damals nicht nur genau gehört, sondern auch von Ihren Lippen abgelesen habe und trotzdem sie mir seitdem viele Male durch den Kopf gegangen ist, immer im Streben nach ihrer richtigen Bildung. Ich weiß nicht, wie dann (nein vorher, denn ich saß hiebei noch in der Nähe der Tür, also schief Ihnen gegenüber) das Gespräch auf Prügeln und auf Geschwister kam. Es wurden Namen einiger Familienmitglieder genannt, von denen ich nie gehört hatte, auch der Name Ferry (ist das vielleicht Ihr Bruder?) und Sie erzählten, dass Sie als kleines Mädchen von Brüdern und Vettern (auch von Herrn Friedmann?) viel geschlagen worden seien und dagegen recht wehrlos gewesen wären. Sie fuhren mit der Hand Ihren linken Arm hinunter, der damals in jenen Zeiten voll blauer Flecke gewesen sein soll. Sie sahen aber gar nicht wehleidig aus und ich konnte, allerdings ohne mir genaue Rechenschaft darüber zu geben, nicht einsehn, wie es jemand hatte wagen können, Sie zu schlagen, wenn Sie auch damals nur ein kleines Mädchen waren. – Dann bemerkten Sie einmal nebenbei, während Sie irgendetwas ansahen oder lasen (Sie schauten damals viel zu wenig auf und es war doch ein so kurzer Abend), dass Sie Hebräisch gelernt haben. Auf der einen Seite staunte ich das an, auf der anderen hätte ich (alles sind nur damalige Meinungen und sie sind lange Zeit durch ein feines Sieb gegangen) nicht so übertrieben nebenbei erwähnt sehen wollen und so freute ich mich auch im geheimen, als sie später Tel awiw nicht übersetzen konnten. – Nun hatte sich also auch herausgestellt, dass Sie Zionistin wären und das war mir sehr recht. – Noch in diesem Zimmer wurde auch über Ihren Beruf gesprochen und Frau Brod erwähnte ein schönes Batistkleid, dass sie in Ihrem Hotelzimmer gesehen hatte, denn Sie fuhren vielleicht zu irgendeiner Hochzeit, die – ich errate es mehr, als dass ich mich erinnere – in Budapest stattfinden sollte. – Als Sie aufstanden, zeigte sich, dass Sie Pantoffeln der Frau Brod anhatten, denn Ihre Stiefeln mussten austrocknen. Es war den Tag über ein schreckliches Wetter gewesen. Diese Pantoffeln beirrten Sie wohl ein wenig und Sie sagten mir am Ende des Weges durch das dunkle Mittelzimmer, dass Sie an Pantoffeln mit Absätzen gewöhnt seien. Solche Pantoffel waren mir eine Neuigkeit. – Im Klavierzimmer saßen Sie mir dann gegenüber und ich fing an, mich mit meinem Manuscript auszubreiten. Es wurden mir für die Versendung von allen Seiten komische Ratschläge gegeben und ich kann nicht mehr herausfinden, welches die Ihren waren. Dafür aber erinnere ich mich an etwas aus dem anderen Zimmer, über das ich so staunte, dass ich auf den Tisch schlug. Sie sagten nämlich, Abschreiben von Manuskripten mache Ihnen Vergnügen, Sie schrieben auch in Berlin Manuskripte ab für irgendeinen Herrn (verdammter Klang dieses Wortes, wenn kein Name und keine Erklärung dabei ist!) und Sie baten Max, Ihnen Manuskripte zu schicken. – Das Beste, was ich an jenem Abend ausgeführt habe, war, dass ich eine Nummer von »Palästina« zufällig mithatte, und um dessentwillen sei mir alles andere verziehn. Die Reise nach Palästina wurde besprochen und Sie reichten mir dabei die Hand oder besser ich lockte sie, kraft einer Eingebung, heraus. – Während des Klavierspiels saß ich schief hinter Ihnen, Sie hatten ein Bein über das andere geschlagen und zupften mehrmals an Ihrer Frisur, die ich mir in der Vorderansicht nicht vorstellen kann und von der ich nur aus der Zeit jenes Klavierspiels weiß, daß sie auf der Seite ein wenig abstand. – Später war allerdings eine große Zerstreuung der Gesellschaft eingetreten, die Frau Brod duselte auf dem Kanapee, Herr Brod machte sich beim Bücherkasten zu schaffen, Otto kämpfte mit dem Ofenschirm. Es wurde über Maxens Bücher gesprochen, Sie sagten etwas über Arnold Beer, erwähnten eine Kritik in Ost und West und sagten schließlich, während Sie in einem Band der Propyläenausgabe von Goethes Werken blätterten, »Schloß Nornepygge« hätte(n) Sie auch angefangen, aber nicht zu Ende lesen können. Bei dieser Bemerkung erstarrte ich tatsächlich für mich, für Sie und für alle. War es nicht eine nutzlose, nicht zu erklärende Beleidigung? Und doch führten Sie dieses scheinbar Unrettbare wie eine Heldin zu Ende, während wir alle auf Ihren zum Buch gebeugten Kopf sahen. Es stellte sich heraus, daß es keine Beleidigung, ja nicht einmal das geringste Urteil war, sondern nur eine Tatsache, über die Sie selbst verwundert waren, weshalb Sie auch bei Gelegenheit das Buch wieder vorzunehmen beabsichtigten. Das hätte nicht schöner aufgelöst werden können und ich dachte, wir könnten uns alle ein wenig vor Ihnen schämen. – Zur Abwechslung brachte der Hr. Direktor den Bilderband jener Propyläenausgabe und kündigte an, er werde Ihnen Goethe in Unterhosen zeigen. Sie citierten: »Er bleibt ein König auch in Unterhosen«, und dieses Citat war das einzige, was mir an dem Abend an Ihnen mißfallen hatte. Ich spürte von diesem Mißfallen fast einen Druck in der Kehle und hätte mich eigentlich fragen sollen, was mich zu einer solchen Beteiligung führte. Aber ich bin durchaus ungenau. – Über die Schnelligkeit, mit der Sie zum Schluß aus dem Zimmer huschten und in Stiefeln wiederkamen, konnte ich mich gar nicht fassen. Der Vergleich mit einer Gazelle, den Frau Brod zweimal machte, gefiel mir aber nicht. – Ziemlich genau sehe ich noch, wie Sie den Hut aufsetzten und die Nadeln einsteckten. Der Hut war ziemlich groß, unten war er weiß. – Auf der Gasse verfiel ich sofort in einen meiner nicht gerade seltenen Dämmerzustände, in denen ich nichts anderes klar erkenne außer meine eigene Nichtsnutzigkeit. In der Perlgasse fragten Sie mich, vielleicht um meiner peinlichen Stummheit aufzuhelfen, wo ich wohne und wollten natürlich hören, ob mein Nachhauseweg und der Weg in Ihr Hotel zusammenfallen oder nicht, ich unglücklicher Dummkopf fragte aber zurück, ob Sie meine Adresse wissen wollten, offenbar in der Annahme, daß Sie mir, kaum in Berlin angekommen, gleich mit Feuereifer über die Palästinareise schreiben und sich nicht der verzweifelten Lage aussetzen wollten, dann etwa gleich meine Adresse nicht bei der Hand zu haben. Das, was ich da angestellt hatte, beirrte mich dann natürlich noch auf dem weitern Weg, soweit es in mir damals etwas zu beirren gab. – Schon oben in dem ersten Zimmer und auf der Gasse wieder war von einem Herrn aus Ihrer Prager Filiale die Rede, mit dem Sie am Nachmittag im Wagen auf dem Hradschin gewesen waren. Dieser Herr schien es mir unmöglich zu machen, früh mit Blumen auf den Bahnhof zu kommen, was mir seit einiger Zeit in unsicheren Entschlüssen vorschwebte. Die frühe Stunde Ihrer Abreise, die Unmöglichkeit, so bald schon Blumen zu bekommen, erleichterten mir den Verzicht. – In der Obstgasse und am Graben führte hauptsächlich Hr. Direktor Brod das Wort und Sie erzählten nur jene Geschichte, wie die Mutter Ihnen auf Ihr Händeklatschen hin das Haustor öffnen läßt, eine Geschichte übrigens, zu der Sie mir noch eine Erklärung schulden. Sonst wurde die Zeit schändlich mit Vergleichen zwischen dem Prager und dem Berliner Verkehr vertrödelt. Erwähnt wurde auch, wenn ich nicht irre, daß Sie die Jause im Repräsentationshaus gegenüber Ihrem Hotel eingenommen hätten. Schließlich gab Ihnen Herr Brod noch Ratschläge wegen Ihrer Reise und nannte Ihnen einige Stationen, wo Sie etwas zum Essen bekommen würden. Sie hatten die Absicht, im Speisewagen zu frühstücken. Jetzt hörte ich auch, daß Sie Ihren Schirm im Zug vergessen hätten und diese Kleinigkeit (für mich eine Kleinigkeit) brachte mir eine neue Mannigfaltigkeit in Ihr Bild. – Daß Sie noch nicht gepackt hatten und gar noch im Bett lesen wollten, machte mich unruhig. Nachts vorher hatten Sie bis 4 Uhr früh gelesen. An Reiselektüre hatten Sie mit: Björnson: »Flaggen über Stadt und Hafen« und Andersen: »Bilderbuch ohne Bilder«. Ich hatte den Eindruck, daß ich diese Bücher hätte erraten können, was ich natürlich in meinem Leben nicht zustande gebracht hätte. Beim Eintritt ins Hotel drängte ich mich in irgend einer Befangenheit in die gleiche Abteilung der Drehtüre, in der Sie gingen, und stieß fast an Ihre Füße. – Dann standen wir alle drei ein wenig vor dem Kellner bei dem Aufzug, in dem Sie gleich verschwinden sollten und dessen Türe schon geöffnet wurde. Sie führten noch eine kleine sehr stolze Rede mit dem Kellner, deren Klang ich – wenn ich innehalte – noch in den Ohren habe. Sie ließen es sich nicht leicht ausreden, daß zu dem nahen Bahnhof kein Wagen nötig sei. Allerdings dachten Sie, Sie würden vom Franz-Josefsbahnhof aus wegfahren. – Dann nahmen wir den letzten Abschied und ich erwähnte in möglichst ungeschickter Art nochmals die Palästinareise, wie es mir überhaupt in diesem Augenblick schien, ich hätte schon während des ganzen Abends viel zu oft diese Reise erwähnt, die wahrscheinlich keiner ernst nahm außer ich.

Felice und der Applaus

Wir sehen Felice im nordöstlichen Teil Berlins, sie geht auf Kopfsteinpflasterstraßen. Ihr Hut ist schwarz, innen mit weißem Futter. Ihr Gesicht länglich, ihre Gestalt groß und knochig. Das sieht man auch an ihrer Kleidung. Eine sorgfältig gepflegte, aber kleinbürgerliche Kleidung. Ein Fräulein, wie es heißt. Ihr Mund ist auffallend stark, Lippen- und Mundgegend beherrschen beinahe das ganze Gesicht. Die Zähne sind groß und weiß, wenn sie spricht, blitzen sie wie Pferdezähne hervor. Wenn sie lächelt, springen sie förmlich heraus, auch das rosa Zahnfleisch ist zu sehen. Das hervorblitzende rosa Fleisch, das normalerweise im Gesicht aller anderen Menschen diskret verdeckt ist, wirkt auf eine Weise nackt und schamlos. Beim Sprechen hebt Felice die Hand vor den Mund, besonders ihr Lachen versucht sie zu verstecken. In ihrer Handtasche liegt neben dem Pyramidon ein Brief, der jüngste Brief von Franz. Sie hat keine Zeit mehr gehabt, ihn zu lesen. Sie musste noch zurück zur Arbeit, bevor sie ins Metropol-Theater wollte. Unterwegs auf der Leipziger Straße holte sie ihn hervor, riss den Umschlag auf, wie Franz es nicht mochte, so den Umschlag aufzubrechen, der vielmehr mit einem Briefmesser aufgeschnitten werden sollte, sorgfältig und umsichtig, um den wieder zusammengefalteten Brief leicht in den Umschlag zurückgleiten lassen zu können. Aber nein, Felice riss den Umschlag nachlässig auf, ein wenig ungeduldig, ein wenig gereizt, dass der Brief wieder mal eine unangenehme Überraschung enthalten könnte, gleichzeitig aber auch neugierig und erregt, schließlich kam dieser Brief von ihrem Zukünftigen, und wie merkwürdig und sonderbar dieser auch sein mochte, von den Männern, mit denen sie sich in den vergangenen Jahren getroffen und unterhalten, mit denen sie geflirtet und die sie kennengelernt hatte, war er doch der einzige, der sich ernstlich und ehrlich interessierte. Verehrer, die sich für sie zu interessieren schienen, hatte es auch schon vorher gegeben, doch immer hatte sich herausgestellt, dass sie entweder mehr über Felices Arbeit oder aber über eine ihrer Freundinnen, meistens über Grete erfahren wollten. Felices Beziehungen erschöpften sich früh, die Treffen verflachten, ihr blieb die im Theater verbrachte Zeit, der Kaffee davor, der kurze Spaziergang nach Hause danach. In Wirklichkeit langweilte Felice das Theater. Die Stücke des klassischen deutschen Theaters waren ihr fremd. Das jüdische Theater, das ihre Bekannten naserümpfend Jargontheater nannten, empfand sie, da es ihr so fern war, eher als bedrohlich denn als verlockend, die trübe jüdische Vergangenheit weckte in ihr Scham, obwohl sie nicht verstand, warum sie dieses Gefühl hatte. Franz war der einzige, der ihr manisch Briefe schrieb und Antwort verlangte. Anfangs schickte er seine Briefe per Einschreiben, um Felice unbedingt das Gefühl zu geben, jeden einzelnen beantworten zu müssen, auch dann, wenn an einem Tag mehrere Briefe kamen, zwei, drei, vier, nicht dass sie sie mit einem einzigen am Ende des Tages beantwortete. Doch dann wurde Franz ruhiger, hatte alles im Blick, Felices Tagesablauf, ihre Bekannten, ihre Arbeit und sonstigen Beschäftigungen. Nach und nach zog er bei Felice ein, in ihr Büro am Arbeitsplatz, in ihr Zimmer in der Wohnung, überall lagen seine Briefe herum, die Ecken seiner Briefe schauten aus Felices unordentlicher Handtasche, den Schubladen ihres Schreibtisches heraus. Nirgendwohin konnte Felice blicken, ohne an Prag erinnert zu werden, an die Arbeiter-Unfall-Versicherungs-Anstalt, an die unmögliche hochgewachsene Gestalt, Kafka, der ihr Briefe schrieb, Fragen stellte, sie bedrückte und alles, was er dachte und fühlte, in die Briefe schrieb und wieder neu schrieb, damit Felice fühlte und dachte, was Franz in seinen Tag für Tag neu eintreffenden Briefen schrieb. Manchmal bekam sie schon keine Luft mehr, sie hatte das Gefühl, von diesem Sichfestklammern erstickt zu werden, von dem kindlichen Vertrauen dieses Mannes, der viel jünger wirkte als sie, wie zwanzig oder einundzwanzig aussah, obwohl er über dreißig war, und von dem Felice anfangs gedacht hatte, er passe nicht zu ihr, weil er viel jünger sei. Felice hatte schon am Nachmittag Kopfschmerzen. Sie kramte Pyramidon aus ihrer Handtasche und nahm es ein. Jetzt, da sie in der Immanuelkirchstraße nach Hause schlendert, wo sie mit ihren Eltern lebt, ärgert sie sich wie immer, wenn es ihr einfällt, dass ihre Mutter ihr immer noch keinen Schlüssel gibt, obwohl sie eine erwachsene Frau ist, sogar eine eigene Familie haben könnte, also signalisiert sie vor dem Hauseingang immer noch durch Händeklatschen, dass sie angekommen ist. Diese Szene stellt Kafka sich vor, hört aber das Händeklatschen nicht. Vergeblich lauscht er in die stille Nacht hinein, er hört es nicht, dabei hört er sogar das Schnaufen seiner Mutter, und das Schnarchen des Vaters kann man vielleicht sogar auf der Straße hören. Vielleicht klatscht Felice nicht in die Hände, argwöhnt er. Doch wie kommt sie dann in die Wohnung, oder vielleicht hat sie doch einen Schlüssel und das Händeklatschen ist für die Mutter nur ein Zeichen, dass sie beruhigt einschlafen kann, weil Felice nun da ist.

Das im Blitzlicht entstandene Foto

Dem Briefumschlag sieht man es nicht an, reißt den Briefumschlag auf, als wäre es nur ein Brief (manche Briefe kommen geradezu offen an, es liegt das an der Konstruktion des Couverts) aber da ist ein Bild darin gewesen und Du schlüpfst selbst heraus, wie Du einmal in schönern Tagen vor mir aus dem Eisenbahnwaggon kommen wirst. Auch diese Blitzlichtaufnahme Liebste gehört schon mir sei es für Zeit oder für Ewigkeit, wie immer sie auch ausgefallen sein mag. Um Dir jedes Bedenken zu nehmen (nicht um Dir gar welche Bedenken zu verursachen) schicke ich Dir eine Blitzlichtaufnahme von mir. Sie ist recht widerlich, sie war aber auch nicht für Dich bestimmt, sondern für meine Kontrollsvollmacht für Anstaltszwecke und ist beiläufig 2-3 Jahre alt. Ein verdrehtes Gesicht habe ich in Wirklichkeit nicht, den visionären Blick habe ich nur bei Blitzlicht, hohe Krägen trage ich längst nicht mehr.

Dagegen ist der Anzug schon jener mehrerwähnte einzige Anzug (einzige ist natürlich eine Übertreibung, aber keine große) und ich trage ihn heute munter wie damals. Ich habe schon in Berliner Theatern auf vornehmen Plätzen, ganz vorn in den Kammerspielen, mit ihm Aufsehen gemacht und einige Nächte auf den Bänken der Eisenbahnwaggons in ihm durchschlafen oder durchduselt. Er altert

mit mir. So schön wie auf dem Bild ist er natürlich nicht mehr. Die Halsbinde ist ein Prachtstück, das ich von einer Pariser Reise mitgebracht habe und nicht einmal von der zweiten, sondern noch von der ersten, deren Jahreszahl ich augenblicklich gar nicht berechnen kann. Zufälligerweise trage ich diese Binde gerade auch jetzt, während ich schreibe. Auch sie wird älter. Alles in allem bitte ich Dich nur, vor dem Bild nicht zu erschrecken. Es gibt nur ein gutes Bild von mir aus neuerer Zeit (gut ist nur das Bild, das einen so zeigt, wie man, wenn es schon nicht anders geht, aussehn will) aber das ist unter Rahmen mit andern Familienbildern. Ich lasse aber eines für Dich machen, wenn es möglich ist, soviel liegt mir daran, wenigstens als Bild in Deiner Hand zu sein, in Deiner wirklichen Hand, meine ich, denn in Deiner unwirklichen Hand bin ich längst.

Der Sprachfriedhof

In der Kindheit ging Kafka manchmal mit seinem Vater auf den Friedhof. Er verstand nichts von dem, was dort vor sich ging. Auf dem jüdischen Friedhof sind überall nur Steine. Er wusste, dass die in die Steine gemeißelten Zeichen Buchstaben waren. Doch lesen konnte er diese Buchstaben damals noch nicht. Auch später kam er nur so weit, sie zu erkennen, und er hörte sie wie eine Tonfolge, las sie wie eine fremde Melodie. Auch später wurde er daraus nicht schlau. Er sah, dass der Buchstabe der Friedhof der Wörter ist. Dass die in den Stein gemeißelten Zeichen die Toten bedeuten. Die Sprache ist ein Friedhof, der sich die Toten einverleibt. Nichts führt von hier heraus. Dieser Stein ist für dich, sagt der Grabstein, hier drin sind die Zeichen.

Kafka und die Blinden

Seit seiner Kindheit fürchtete sich Kafka krankhaft vor
dem Anblick von Händen. Auch seine eigenen Hände
verblüfften ihn immer. Wenn möglich, versteckte er sie.
Doch gegenüber Otto Baum, Oskars Bruder, verhielt er
sich ungeniert, da Otto als Kind sein Augenlicht verloren
hatte. Bei seinen Spaziergängen über die Čechbrücke
hinüber auf die Kleinseite kam Kafka an der Blindenanstalt vorbei und überlegte jedesmal, warum es hier so
viele Fenster gab. Aus diesen Fenstern blickte nie jemand
heraus, sie waren nicht voller Köpfe, wie es bei anderen
ähnlichen öffentlichen Einrichtungen der Fall war. Das
Irrenhaus, das er in seiner Kindheit bei Spaziergängen
mit den Eltern oft gesehen hatte, war ihm noch deutlich
in Erinnerung. Die kahlen Köpfe hinter den vergitterten
Fenstern, die wahnwitzig gerundeten Augen fesselten
seine Aufmerksamkeit und stießen ihn zugleich ab. Er
erinnerte sich an die Münder, lauter dunkle Höhlen, an
die riesigen Zähne. Nicht aber an das manische Sprechen,
weil er sich die Hände auf die Ohren gepresst hatte, um
nicht zu hören, nein, nicht die Irren, sondern den Vater,
der auch diese Gelegenheit zur Verunglimpfung dieser
Unglücklichen und zu Franz' Demütigung, getarnt als
Belehrung, genutzt hatte. Da hatte er begriffen, warum
es im Irrenhaus Fenster zur Straße gab, und Gitter, und

zwischen den Quadraten der Gitter eingeklemmt kahle Köpfe. All das war das Werk seines Vaters, er hatte durchgesetzt, dass man bitte seine Steuern hierauf verwendete, damit er all dies seinem Sohn vorführen konnte. Doch warum war dann die Blindenanstalt mit Fenstern bestückt, überlegte er jedesmal. Es hätte doch sein können, dass die Blinden ebenso hinausguckten und Dinge sahen, wie Nichtblinde Bilder sahen, von denen sie annahmen, sie befänden sich jenseits des Fensters, obschon sie dafür keine überzeugenden Beweise hatten.

So ergeht es denen, die alles verspotten. Wer nicht den Regeln gehorchend leben will, wird vom Fluch eingeholt.

Was für ein Fluch, fragte Franz, denn er hatte seinen Vater schon so oft davon reden hören. Er dachte, das sei irgend so ein jüdisches Ding, in fernen und unbekannten Synagogen gemurmelte wirre Worte. Damals in seiner Jugend lagen Franz solche jüdischen Dinge fern, er wusste kaum etwas davon, eigentlich gar nichts, bloß manchmal begleitete er seinen Vater in die Synagoge, wenn dieser von ihm erwartete, vor den Mitgliedern der Gemeinde mit dem Sohn erscheinen zu können. Am liebsten hätte Franz seinem Vater auch diese ehrenden Augenblicke vorenthalten, um die ihn jedoch der Vater unterwürfig anflehte, Furcht im Blick, Angst vor der Schande, wenn es sich herumsprach, der Sohn wolle dem Vater nicht folgen, selbst nicht in einer so einfachen Sache, zu den vier Anlässen im Jahr, wenn er sich in die Synagoge begab. Dieser Blick erweichte Franz, er bekam Mitleid mit seinem Vater, diesem erbarmungslosen Kaufmann, der sich stets nahm, was er wollte, der es stets zu respektablen Gewinnen brachte und niemals ein Geschäft tätigte, bei dem er den kürzeren zog. Doch jetzt fühlte er sich seinem Sohn gegenüber verloren, von all seinen Fähigkeiten und auch seinem Glück verlassen. Der Vater glaubte stets, einen starken Willen zu haben, und dass er durch seinen Willen Schwierigkeiten, ganz gleich welcher Art, bezwingen konnte. Doch gegenüber dem Fluch, den er noch von zu Hause mitgebracht hatte, vom Dorf, aus dem er gekommen war, war er vollkommen schutzlos. Und für seinen Sohn war das, so ahnte er, der trübe und geheimnisvolle Fluch. Oder er war der Fluch für seinen Sohn, das war schwer zu entscheiden. Was sicher blieb, war die Unsicherheit, das üble Gefühl, die beklemmende graue Trübheit, die sich auf seine Augen gesenkt und um das Herz abgelagert hatte, da irgendwo hatte sich deshalb etwas eingeklemmt.

Den Fluch erfüllt ein jeder an sich selbst, so platzte es aus dem Vater heraus, dem es nicht gefiel, wenn sein Sohn argumentierte, weil er Argumentationen als Affront empfand. Der Vater hatte solche unfruchtbaren Erörterungen nicht gern, die wiederum sein Vater so sehr geliebt hatte. Hermann mochte die greifbaren Dinge, er war als Händler so erfolgreich, weil ihn das Beispiel seines Vaters fürs ganze Leben von jeglicher abstrakten Spekulation abgeschreckt hatte. Auch deshalb ging er so ungern in die Synagoge, wo Juden, die sich als Gelehrte bezeichneten, immerzu Erwägungen über die Worte der Thora und des Talmuds anstellten. Hermann hatte nie Jude sein wollen.

Wen der Herr strafen will, dem nimmt er den Verstand, sagte der Vater mit erhobenem Zeigefinger. Er machte es wie die Rabbiner, der Zeigefinger seiner geballten Faust zeigte zum Himmel, so verlieh er seinen Worten Nachdruck.

Du, Hermann, bist kein Talmud-Gelehrter, du hast den Talmud nicht einmal gelesen.

Trotzdem kann ich wissen, was drinsteht, fuhr der Vater auf. Der Herr wollte Nebukadnezar bestrafen und nahm ihm den Verstand. Steht in der Thora. Jahrelang kroch er auf allen vieren im abgeriegelten Innenhof seines Palastes herum. Aß Gras und kackte unter sich, trank seinen Urin, der Idiot …

Woher nimmst du das, fragte die Mutter mit ihrem freundlichsten und demutsvollsten Lächeln, denn sie wollte ihren Mann entwaffnen und ihn mit ihrem Sohn versöhnen, um die angespannte Unterhaltung, die zwischen Vater und Sohn zu explodieren drohte, in ein anderes Fahrwasser zu lenken. Die Mutter vermittelte immer zwischen Vater und Sohn. Sie trug die Last der Unzufriedenheit des Vaters, dass ihm dieser Sohn Schande bringen würde. Wie die Mutter auch den Zorn des Sohnes besänftigte und in Verständnis für den Vater verwandelte, jene Wut, die den Sohn zum Sohn des Vaters weiht. Der Junge spürte, dass er seinem Vater gegenüber Schuld hatte. Und diese Schuld galt für das ganze Leben und war eine untilgbare Schuld, die er nicht aufgrund des Lebens empfand, das der Vater ihm gegeben hatte, obwohl es in Wirklichkeit die Mutter gewesen war, indem sie ihn in sich trug, der Vater war jene Frage, auf die der Sohn, und mit dem Vergehen der Jahre wusste er das immer mehr, die Antwort finden musste. Er musste seine ganze Kraft zusammennehmen, um diese Frage beantworten zu können, doch er spürte, dass er dazu keine Kraft hatte und vielleicht nie die Kraft haben würde.

Das steht nicht drin, sagte die Mutter. Aber vielleicht ist das bei euch im Cheder so gelehrt worden, dort im Dorf, fügte sie, allerdings spielerisch, noch hinzu, denn dies, das Erwähnen der großen Entfernung zwischen den Welten von Julie und Hermann war Gegenstand ständigen Streits zwischen ihnen. In Kafkas Vorstellung waren Hermanns rohe und unwissende und Julies verfeinerte, großstädtisch geprägte Kindheit wie zwei schwimmende Inseln, die sich im Laufe der Ehe immer mehr voneinander entfernten. Sich selbst sah Franz auf keiner der beiden Inseln.

Die kahlgeschorenen Köpfe und irren Blicke. Die Verlockung, er brauche nur so tun und sie ließen ihn auf der Stelle in Ruhe, er könnte sich mit seinen Papieren und Schreibsachen beschäftigen, erfüllte ihn mit Angst. Würde er Wahnsinn vortäuschen, müsste er nicht mehr ins Büro, müsste nicht jene Arbeit verrichten, die ihn nicht interessierte und von der er ahnte oder sogar zu wissen glaubte, dass sie das Resultat der Verschwörung seines Vaters gegen ihn war. Die Versicherungsanstalt würde ihn vom Dienst dispensieren und ins Geschäft müsste er auch nicht gehen, weil er ja Beamter war. Der Vater hätte es gern gesehen, wenn er mehr Zeit in der Fabrik verbracht hätte, doch die Fabrik interessierte ihn nicht im geringsten. Als er sich einmal vertrauensselig in die Fabrik begeben hatte, weil der Vater ihn mit einer raffinierten Erpressung dazu überredet hatte, seinen Schwager zu besuchen, der Vater hatte den üblichen Trick angewendet, wie er das immer tat, wenn er das Gefühl hatte, er könnte in irgendeiner Frage eine Niederlage gegenüber seinen Lieben erleiden, er hatte sich schwach gestellt wie falsche Bettler, die auf geheuchelte Art um das Kleingeld der Solidarität flehen, und wenn sie es bekommen haben, dem sich Entfernenden höhnisch hinterherblicken, dessen Hochmut verachtend, der sie, hinter der Maske des Mitgefühls versteckt, gerade betrogen hatte. Franz war auf den hinterhältigen Trick des Vaters, des schlauen und berechnenden Kaufmanns, hereingefallen, er gab der Bitte, die eher Erpressung gewesen war, nämlich dem Schwager und damit der Schwester zu helfen, nach und besuchte die Fabrik, die man nur schönfärberisch Fabrik nennen konnte und die Franz eher an eine Strafvollzugsanstalt erinnerte, von der er sich noch während seines Jurastudiums ein Bild gemacht hatte und zu der Erkenntnis gelangt war, dass man mit der Disziplinierung und Degradierung des Körpers das Ziel verfolgte, die Seele zu quälen. Fabriken waren da die weniger kostspieligen, dafür umso größeren Gewinn erzielenden Einrichtungen der Gefangenschaft, so bemerkte Franz, und diese Erkenntnisse lagen auch der Entscheidung zugrunde, seine Arbeit schließlich bei einem Amt auszuüben, das den rechtlichen Schutz und die materielle Hilfe dieser Gefangenen, der Arbeiter regelte, zumindest in den Augen der Allgemeinheit und dem Anschein nach.

In der vom Vater gekauften und von seinem Schwager geleiteten Fabrik, in der Asbest hergestellt wurde, war Franz erneut mit den gern vergessenen Quellen seines Wohlergehens konfrontiert, auf das er nicht die Kraft gehabt hätte zu verzichten, auch nicht auf die Vorteile jenes Privilegs, in das er hineingeboren worden war und das er seit der Kindheit als selbstverständlich empfand. Die Fabrik war die Insel der Hoffnungslosigkeit, und wenn Franz sie betrat, stürzte auf ihn mit ganzem Gewicht der niederträchtige Hochmut des Vaters nieder, mit dem dieser die hier arbeitenden Menschen unter erniedrigenden Bedingungen hielt und mit einem lächerlichen Lohn ins Gesicht schlug. Und tatsächlich, Franz sah aus einem Nebenzimmer spähend den Vater, wie er den Arbeitern ins Gesicht schlug mit seinen raffinierten Worten, händeringend, lamentierend, was für ein großer Verlust die Fabrik für ihn sei, eigentlich würde er sie nur aus Barmherzigkeit und Mitleid mit den Arbeitern und ihren Familien erhalten, die ihm das Geld, das er im Geschäft Blut und Wasser schwitzend verdiene, aus den Taschen zögen. Im Laden, wie er immer sagte, wo er von früh bis abends für seine Familie arbeite, für diese undankbare Bande, die nur sein Blut sauge.

Wie Leute, die vor Gesundheit nur so strotzen, wandte sich Hermann von jeder Krankheit entsetzt ab, auch den Anblick körperlicher Versehrtheit konnte er nicht ertragen, Blut ebensowenig, wenn er Blut sah, fiel er wie

Frauen leicht in Ohnmacht. Auch deshalb hatte er das Handwerk seines Vaters nicht weiterführen können, nur ungern hatte er die Schlächterei betreten, und wenn doch, dann mit gesenktem Kopf, um die an den Haken hängenden blutigen Körperteile der toten Tiere nicht sehen zu müssen.

Das Geheimnis der Sphinx

Als der Schwellfüßige auf die Kreuzung kam, geschah etwas, das er beinahe nicht bemerkt hätte und dem er erst viel später Bedeutung beimaß. Der ihm entgegenkommende Unbekannte, den er in der leeren und öden Gegend traf, ließ in den Bemerkungen über seine Füße einen Satz fallen, den der Schwellfüßige auf seine seltsame, platte Nase bezog, was ihm dann doch im Gedächtnis blieb, denn der vornehme Mann, auf den der Schwellfüßige aus plötzlich aufsteigendem Hass mit solcher Kraft einschlug, dass das kurze Schwert dem Mann den Schädel spaltete, und als dieser schon am Boden lag, sah er in der Mitte des blutenden Gesichts die fast völlig gleiche Nase, für die der Schwellfüßige die ganze Kindheit über verspottet worden war. Niemand anderes hatte so eine Nase. Vielleicht war diese Nase auch der Grund, dass die frechen Bemerkungen des Mannes eine so plötzliche und unerklärliche Wut und mörderische Erregung in dem Schwellfüßigen ausgelöst hatten, der auf die zunächst spottenden, dann herabsetzenden und schließlich, da der Schwellfüßige auch weiter nichts erwiderte, nur hartnäckig schwieg, verunglimpfenden Bemerkungen des Mannes. Wegen seiner Kindheitsverletzungen trug der Schwellfüßige immer einen Stock bei sich, mit dem er sich, jedoch nur, wenn er müde war, beim Laufen half. So war er vom langen Wandern müde gehinkt, als der Mann und sein Diener ihn sahen, und der Mann wandte sich zu seinem Diener und bemerkte, dort komme ein dreibeiniges Tier, denn Menschen hätten nur zwei Beine oder als Kinder vier. Der Schwellfüßige schwieg, blieb stehen und wartete, dass sie weitergingen, doch dem Mann gefiel sein dummer Einfall sehr, und er blieb stehen, um den Schwellfüßigen zu fragen: Was für ein Tier bist du, woher kommst du und wohin gehst du?

Im nachhinein kam der Schwellfüßige darauf, dass es sein Schweigen gewesen war, dessentwegen er den spottenden Mann und seinen die Schmähung weitertreibenden Diener hatte töten müssen, denn da er hungrig und durstig gewesen war, hatte er keine Lust zu sprechen, er ließ sich mit dem frechen, plattnasigen Mann auf kein Gespräch ein. Sein Schweigen mochte wie Hochmut oder Respektlosigkeit wirken, doch es war weder das eine noch das andere. Es entsprang lediglich der Angst vor dem Fluch, da ihm als Kind prophezeit worden war, er würde im plötzlichen Zorn seinen Vater töten. Der Schwellfüßige war jähzornig, das wusste er von sich, und als er dem Mann und seinem Diener begegnete, spürte er in seinem krampfhaft zusammengepressten Mund noch immer den Schrei, den er nicht ausgestoßen hatte, als er zu Hause, bevor er in die weite Welt gezogen war, beinahe seinen Vater totgeschlagen hatte. Der Schrei der Angst vor dem Fluch der Götter hatte den Schwellfüßigen stumm gemacht, deshalb konnte er nicht mit dem selbstsicheren und hochmütigen Mann sprechen, dessen Wohlhabenheit seine Kleider und sein Diener zeigten, den, da er alles gesehen hatte, der Schwellfüßige ebenfalls töten musste. Erleichtert und beruhigt betrachtete er die beiden blutigen Leichen, den Diener mit dem zertrümmerten Gesicht, den niederzuschlagen er all seine Kraft aufgebracht hatte, erleichtert, befreit hatte er den Schädel zerschmettert, mit Freude, dass sich die Prophezeiung erfüllte, er war ein Mörder geworden, hatte zwei Menschen getötet, doch er musste sich nicht vor dem Fluch fürchten, denn er hatte nicht seinen Vater totgeschlagen, sondern einen Fremden, dem er auf dem Weg nach Theben begegnet war. Davon erzählte er später niemandem. Weder seiner Liebe, die er in ihrer Witwenschaft heiratete, wodurch er den Platz des Königs im Palast und im Bett einnahm. Dieses Schweigen erfüllte das Haus, aus ihm wurden die beiden mutigen Söhne geboren, die beiden wunderschönen Töchter. Aus ihm der Schrei des Ehebetts und die Fruchtbarkeit der Stadt. Dieses Schweigen brach irgendwann einmal nur die Stille.

Blümchen auf dem Kattunkleid

Kafka sah die Hände seines Vaters, wie sie nach den Brüsten des Dienstmädchens griffen, sie durch das dunkelblaue Kattunkleid mit dem Blümchenmuster hindurch kneteten. Den Dienstmädchen fertigte der Vater immer aus dem gleichen Blümchenkattun Kleider. Die Mädchen kamen und gingen. Sie dienten ein paar Jahre, andere kündigten nach ein, zwei Monaten. Julie redete nie hinein. Der Vater brachte für die Mädchen immer diesen Stoff aus dem Geschäft, weil er ein unverkäufliches, etwas fehlerhaftes Ende hatte. Die Mädchen wechselten, man musste die Kleider umändern, neue nähen, es gab dünnere und beleibtere Mädchen, mit kleinen und großen Brüsten, doch der Stoff blieb immer der gleiche. Auch Julie mochte diese Beständigkeit, und Hermann beharrte darauf. Franz graute es auch vor diesen Blumen, besonders vor den Blümchen. Er sah die gewaltigen Hände des Vaters am sonntäglichen Mittagstisch, wie sie Messer und Gabel hielten, die der Vater bedrohlich gen Himmel richtete, wenn er schon sehr hungrig war. So hielt er sie in den Fäusten, in der linken die Gabel und in der rechten das Messer, ungeduldig und zum Sprung bereit. Er drückte das Familiensilber, das nach tschechischer Sitte Julies Eltern dem neuen Paar hatten kaufen müssen. Wie auch das Porzellanservice. Ein gemeinsames Vermögen, inklusive der an den Staat zu zahlenden Steuern und Abgaben.

Wann kommt endlich dieses Mädchen, brüllte er in solchen Momenten auf die andere Seite des Tisches zu Julie hinüber, als müsste diese demütige, mit gesenktem Kopf dasitzende Frau jetzt sofort die Situation lösen. Hermanns Hunger war immer unerträglich und musste sofort befriedigt werden. Julie hustete dann immer leise, räusperte sich, womit sie das Gebrüll ihres Mannes nicht übertönen konnte, und sie klopfte mit dem Messer an den Rand des Glases. Später legte sie zur Linken ein Glöckchen neben sich, das sie diskret schüttelte. Einmal besorgte Hermann irgendwoher eine Tischglocke, wie man sie in Gaststätten auf dem Schanktresen verwendete, in Lokalen, wo viele Kellner unterwegs waren, die man auf Gästewunsch springen ließ, seien Sie so lieb und zünden Sie mir meine Zigarre an, bringen Sie mir doch das Prager Tagblatt, mein Sohn, holen Sie mir mein Telegramm von der Post. In solchen Lokalen schrieben die Kellner die Bestellung auf einen Zettel, ließen ihn in dem kleinen Fenster des Ausschanks und liefen, bloß an die Glocke schlagend, weiter. Das reichte, damit durch das Fensterchen eine Hand herausgestreckt wurde, die den Zettel aufpickte und das Fenster schon wieder hinter sich schloss. Diese Hände flogen Franz vor Augen.

Am grauenvollsten waren die Hände vor Franz' Augen. Er sah noch die Hände des Vaters, wie sie der Köchin in den Hintern kniffen, so dass Julie es nicht bemerkte. Die Köchin hatte einen gewaltigen Hintern. Franz sah nur die

Hände, er stellte sich die gewaltigen Pobacken vor, über die beim Gehen abwechselnd die wallende Erschütterung lief und die abwechselnd hoch und runter, runter und hoch glitten. Hermann konnte nicht aufhören, sie zu kneifen. Mit der Zeit wartete die Köchin auch schon darauf, sie drehte sich so, dass sie dem Herrn des Hauses die Gelegenheit bot, der dies ebenso für sein Privileg hielt wie den Markknochen, nur dass er es so einrichten musste, dass es Julie am anderen Ende des Tisches nicht bemerkte. Oder er musste ihr zumindest die Möglichkeit geben, so zu tun, als bemerkte sie es nicht. Der zu Hermanns Rechten sitzende Franz hingegen bemerkte all das ganz genau. Sein Vater fing dann Franz' Blick auf und zwinkerte ihm mitwisserisch zu. Franz geriet davon noch mehr in Verlegenheit und schlug die Augen nieder. In seinem Hals spürte er den wiederaufsteigenden Ekel wie einen schlecht gekauten Bissen, der ihn würgte. Der Vater verzog das Gesicht, wandte sich enttäuscht von seinem Sohn ab und ließ seinen Blick zum Trost auf dem sich entfernenden Hintern ruhen, bis ihn die zuschlagende Tür des Flurs, der zum Dienstbotenzimmer führte, verschluckte.

Kafka und Palästina

Gnädiges Fräulein, nicht wahr, wie anders klingt der Satz »Nächstes Jahr in Jerusalem!«, wenn nicht der kleinste Junge ihn spricht und nicht am Sederabend und nicht im Ton der alten jüdischen Frömmigkeit und nicht mit dem heiseren Schmerz, mit dem die Juden ihn immer sagen, sondern wie ich ihn damals bei Max zu dem Fräulein sagte, als ich ihm über den Tisch die Hand reichte. Vielleicht erinnern Sie sich an den Tisch, auf dem nichts stand, was daran erinnert hätte, dass dieser Tisch oder die, die um ihn herum saßen, etwas mit der Stadt zu tun haben könnten, an die die wohlhabenden Prager Kaufleute denken, während ihre Gedanken beim Geschäft sind, bei den Mietausgaben des Ladens, den zu erwartenden Einkaufspreisen, den zu erreichenden Vergünstigungen beim Einkauf großer Mengen, dem möglichen Gewinn durch Geldwechsel bei Importwaren und dem zu sparenden Gehalt der Angestellten. Nächstes Jahr in Jerusalem, sagt man, so auch mein Vater, wenn der Sederabend kommt und er den Bund mit meiner Mutter wieder bekräftigen muss, zumindest mit Worten. Für ihn bedeutet das, dass sie verbündet sind, dass er, Hermann, der Schöpfer unserer Welt, und Julie, meine Mutter, durch die die schöpferische Kraft Gestalt angenommen hat, auch weiterhin den Bund aufrechterhalten, den sie schlossen, als der Heiratsvermittler aufgrund des nicht zu hohen, doch auch nicht geringen Angebots meinte, mit dem Zusammenbringen der beiden Menschen auch selbst ein Geschäft zu machen, und Hermann und Julie in der eng miteinander verflochtenen Hoffnung auf Familie und Geschäft den ewigen Bund antraten. Dieser ewige Bund ist es, den ich mir nicht vorstellen kann, vor allem nicht zusammen mit Kindern.

Mein lieber Sohn,

ich hoffe, mein Brief trifft Dich bei guter Gesundheit an, das wünschen Deine Mutter und ich Dir sehr da in Berlin, denn dort ist das Wetter, wenn auch nicht schlechter als hier bei uns, so doch ungewohnter, und was man schon gewohnt ist, kann man viel besser ertragen als das, von dem man noch nicht genau weiß, wie es ist. Wenn wir Dich darum bitten dürften, darauf zu achten, was Du anziehst, und nie zu glauben, wenn Du am Morgen aus dem Fenster blickst und siehst, die Sonne scheint, dass dies auch den ganzen Tag so bleiben wird. In Berlin ist das Wetter unsicherer und unberechenbarer als in unserem guten alten Prag, an das sich Dein zarter Organismus in den vergangenen fast vierzig Jahren gewöhnt hat. Deine Mutter und ich wissen, dass es schwer ist, Dir Ratschläge zu erteilen, weil Du auch einen Ratschlag auffasst, als wäre er gegen Dich gerichtet. Du musst wissen, dass es für uns Juden schwer, fast unmöglich ist zu glauben, dass alles so ist, wie die Gojim denken. Für uns bedeuten die Wörter etwas ganz anderes, denn wenn zum Beispiel jemand Grün heißt, wie sollte er glauben, dass auch die Wiese grün ist, die Bäume und das Gras ebenso grün sind und dass letztlich »grün« in Wahrheit nur ein Wort ist und alles grün sein kann.

Wie Du in Deinem Brief schriebst, glauben wir Juden von den meisten Dingen, dass jemand sie geschrieben hat. Selbst wenn wir übrigens, wie Du uns das immer vorwirfst, auch Deiner lieben Mutter, die das Deinerseits am wenigsten verdient hat, nicht genug lesen. Ich habe mein ganzes Leben lang gelesen, alles, womit ich mich beschäftigt habe, Handel, Kauf, Verträge, war nichts als Lesen. Doch auch wenn ich Dir das erklären würde, willst Du ohnehin nur das eigene Steckenpferd reiten.

Du kannst davon nichts wissen, mein lieber Sohn, denn Du bist gar kein Jude, Du wurdest nie auf dem Schulhof verfolgt, Dir schrie man nicht ins Ohr, Judenhund, bleib stehen, nie hat man Dich angehalten, um Dir die Schläfenlocken abzuschneiden. Wann musstest Du auch nur ein einziges Mal für die eintreten, die sich Juden nennen, als gingen Dich die Angelegenheiten anderer etwas an, für die Du büßen musst, weil Du eben gerade da bist und mit jenen identifiziert wirst, von denen man sich nicht vorstellen kann, dass es sie in Wahrheit gar nicht gibt. Denn die Menschen wollen niemals glauben, was die Wahrheit ist, sondern was sie selbst schaffen. Der Unterschied ist nur, dass die Gojim etwas schaffen, was sie greifen können, und die Juden immer an etwas glaubten, was weit weg und nicht greifbar war. Deine Mutter, die jeden Tag auch für Dich den Tisch deckt und am Samstag Deinen Platz frei lässt und an jedem Schabbes auch den Eliasbecher hinstellt, als wäre jeder Schabbes der Sederabend, das Essen zur Erinnerung an den Auszug, Deine Mutter und ich wissen, dass Du nur als Körper da sitzt, Deine Seele hat sich schon längst auf den Weg gemacht. Deshalb ist der Sederabend bei uns so traurig. Dabei weißt Du ja, dass ich nicht viel von dem halte, was die Juden machen, ich gebe nichts auf die Formen, mir sind Textilien wichtig, der Stoff, und die Form, wie der Stoff genäht ist. Mich interessieren nur Stoffe und Muster, die auf das Gewebe kommen. Du kannst mich natürlich oberflächlich nennen, Du und Deine Freunde, wir Juden würden uns nur mit der Oberfläche beschäftigen und nicht mit der Tiefe, die Ihr von uns verlangt. Doch sag mir, was soll das eigentlich sein, die Tiefe. Und was erwartet Ihr von einem Textilienhändler, der sein ganzes Leben damit verbracht hat, die Oberfläche der Gewebe zu fühlen. Würde ich erblinden, worauf in Anbetracht meines schlechter werdenden Augenlichts mit den Jahren immer größere Chancen bestehen, könnte ich selbst dann noch, auch wenn ich es nur fühlte, jedes Gewebe genau benennen. Manchmal fühle ich sogar die Farben, Rot ist wärmer als Blau, Braun weicher als Gelb, das ist sicher nur Aberglaube, würdest Du sagen. Na und der Vegetarianismus, auf den Du so stolz bist und mit dem Du Dich gegen mich abgrenzt, ist das vielleicht kein Aberglaube? Na und all das, von dem Rudolf Steiner spricht und mit dem er durch Europa tingelt für die Snobs, die es sich erlauben können? Ist etwa die Literatur, die Du mit Deinen Freunden betreibst, kein Aberglaube? Ich rege mich schon wieder nur auf und kann nicht mit Dir streiten.

Die Lichtgasse

Als Kafka ein Kind war, wohnte sein Vater noch nicht in der Straße, in der er auch arbeitete. Früh ging der Vater weg, der Junge sah ihm aus dem Fenster nach. War das Wetter besser, konnte er hinuntergehen und ihm hinterherwinken. Der Vater ging, die hohen Schultern verdeckten die Sonne. Das Kind, der kleine Kafka, schaute zu ihm auf, der Vater sah aus wie ein Riese und war im Vergleich zu dem winzigen Kafka tatsächlich einer. Kafka ging, und das verkupferte Ende des Spazierstocks knallte auf dem Pflaster. Kupfer und nicht Messing, weil es vornehmer war. Kupfer nämlich ist seltener. Was seltener ist, ist immer vornehmer, so lehrte Kafka das Kind. Der Spatz ist häufig, siehst du, überall zwitschert er, sagte Kafka und zeigte auf die Sträucher, die am Ende des Gartens standen. Holunder, anspruchslose Holundersträucher, gar keine richtigen Sträucher, denn anfangs sind ihre Zweige so weich und milchig, und erst mit der Zeit werden sie hart. Doch die getrockneten Zweige sind innen noch lange mehlig, wie der Stiel der Sonnenblume, aber der Holunder überwintert dennoch. Kafka versteckte sich immer unter den Sträuchern, er kletterte gern in die Zweige. Er stellte sich vor, er sei ein Vogel. Kafka aber wollte nicht, dass die Aufmerksamkeit seines Sohnes zu den Spatzen, den Holundersträuchern, den

Gerüchen und in die Welt der Phantasie abschweifte, deshalb berührte er den Jungen am Kopf, streichelte ihn, wie Männer Kinder streicheln, zurückhaltend und ein bisschen kühl, als handelten sie auf dem Markt oder im Laden, als zeigten sie einander oder dem Kunden Stoffe, auch dann strich Kafka so über die Oberfläche des Tuchs, mit zurückhaltender Vornehmheit, als bräuchte er es gar nicht, berührte es kaum, weil er den Preis herunterhandeln wollte, er würde das Gewebe schlechtmachen, alles Schlechte darüber sagen, was nur möglich war, und auch was nicht nötig gewesen wäre. So streichelte nun Kafka seinem Sohn den Kopf, um dessen Gedanken zurückzuholen, die Aufmerksamkeit in die Gegenwart, weil er wusste, welche große Gefahr die Vergangenheit für die Juden bedeutet, dass er seinen Sohn davor schützen musste, deshalb streichelte er ihm den Kopf, er solle jetzt zuhören, mit ganzer Aufmerksamkeit, seinem Vater, dem er auch sonst immer mit Respekt zuhören musste, wenn er etwas sagte oder sagen wollte. Sein Vater wusste auch, dass für die Juden die Zukunft, die auf sie lauert, eine noch größere Gefahr bedeutet als die Vergangenheit. Ein Vater hat die Verantwortung, sein Kind vor der Zukunft zu schützen, die ihm das Kind rauben kann, am ehesten den Sohn, der für einen jüdischen Vater am wichtigsten ist, für den der Sohn das Leben ist und der eigene Vater der Tod. Deshalb weiß er, dass auch für seinen Sohn der Vater, also er selbst, den Tod bedeutet. Deshalb sehnt sich der Vater nicht nach dem Sohn, sondern nach dem Sohn des Sohns, dem Enkel. Deshalb segnet Abraham Isaak, der meckerte wie eine Ziege, damit Jakob geboren werden konnte, in dem Isaak den Segen erhält.

Hermann liebte seinen Sohn, sehnte sich jedoch nach seinem unbekannten Enkel. Hermann ging es mit seinem Sohn, wie es Vätern geht, er verstand ihn nicht, liebte ihn nur. Und da er ihn liebte, konnte er nichts tun, wollte er ihn vor allem schützen, wovor er selber Angst hatte. Er akzeptierte es als Beschluss des Allmächtigen, dass Franz sein Sohn war, denn obwohl er kein gläubiger Jude war, weckte der Glaube anderer in ihm keine Zweifel. Am wenigsten hatte er in bezug auf den Glauben der Juden Zweifel, die Christen
<Text bricht ab>

Die meisten Gassen haben zwei Enden. Auch die Sackgassen, nur aus einer Richtung kann man sowohl in sie hineingehen als auch aus ihnen herauskommen. Die Linien, seien es gerade oder krumme Linien,
<Text bricht ab>

Warum versteckst du dich vor mir, fragte Hermann. Warum streifst du durch dunkle ärmliche Gassen, in Prag gibt es keine Ghettos mehr. Warum willst du zurück ins Ghetto, aus dem herauszukommen unsere Vorfahren Jahrhunderte brauchten.

Ich will nicht zurück ins Ghetto. Das Ghetto ist in uns, wir haben so lange darin gelebt, dass es in uns eingezogen ist, sagte Franz.

Hermann regten die Worte seines Sohnes auf, der gesenkte Kopf, mit dem er ihm zuhörte, und die Ergebenheit, mit der er ihm antwortete. Wenn er nur nicht so schwach wäre. Er ist nicht Mann genug. Denn was bleibt einem Mann anderes als seine Würde. Geld ist wie der Sonnenschein, mal ist er da, mal nicht. Niemals soll man darauf vertrauen. Nur die Gojim glauben, Geld sei das Ziel. Hermann hatte gelernt, dass Geld nur ein Mittel ist. Der Mann glaubt dem Geld nicht, er kann nur an die Würde glauben, die von der Gemeinschaft anerkannt wird. Wenn man wohlhabend ist, ist der Reichtum das Mittel, sich Autorität zu verschaffen. Doch man muss diese auch behaupten. Franz aber fehlt genau das, sich um Anerkennung der Würde, um Autorität zu bemühen. Deshalb schätzt er auch das Geld gering. Denn er hatte immer alles, so ärgerte sich in solchen Momenten Hermann, der als barfüßiges Kind begonnen hatte. Der sich mit seinen Geschwistern sogar um Brot streiten musste. Und seine Mutter ist so kränklich, so eine städtische Mimose. Seine Mutter, brummte er in sich hinein. Er hat die Natur seiner Mutter geerbt, ich bin mit ihm geschlagen.

Aber, mein Sohn. Man muss sich nicht in diesen ärmlichen Gassen verstecken. Freundschaft schließen mit nervösen und verwirrten jungen Leuten, die nur so begeistert und wütend sind, weil sie neidisch sind. Sie neiden anderen, dass die etwas haben. Wenn Geld, dann Geld. Wenn Wissen, dann Wissen. Wenn eine schöne Ehefrau, dann die schöne Ehefrau. Wenn Talent, dann

Talent. Glaub ihnen nicht. Sie lügen sich vor, sie seien Revolutionäre, aber sie sind es nicht. Und sie sagen, sie seien Künstler, diese Glücksritter der neuen Welt, die sich früher am Hof der Könige drängten und dann Henker oder Opfer wurden.

Mein Vater hat immer in der Lichtgasse gewohnt, sagte Franz.

Ein trüber Tag

Wir sehen Kafka, Franz Kafka, wie er über den Großen
Ring geht. Auf dem Raster des Kopfsteinpflasters zeichnet
sich sein Schatten ab. Es muss Nachmittag sein, ein Nachmittag im Herbst. Spätherbst. Das Licht ist scharf, Wind
scheint zu wehen. Der Große Ring gleich einem Foto,
über das der Herr Doktor geht, so seine Anrede im Amt.
Seine schlaksige Gestalt wankt im Wind. Er scheint nicht
wegen seiner Größe schlaksig, sondern weil der Körper so
unglaublich mager ist. Er ist so dünn, dass der Betrachter
sich unter dem Mantel nur Knochen vorstellen kann. Das
übrige Gewebe, das das Gerippe zusammenhält, vor allem
die so überflüssigen Organe wie den Magen, das fürchterliche Labyrinth der Gedärme, die Leber, das Herz oder
gar die räumliche, Platz beanspruchende Ausdehnung
der Lunge schon nicht mehr. Diese gespenstische Mager-
keit kann nur die Knochen ertragen. Die sterilen, weißen
Knochen. Die Gestalt auf dem Foto erinnert an einen
sturmgepeitschten Mastbaum, an dem das Segel hängt.
Ein schwarzes Leinensegel, das bis unter die Knie hängt.
Er müsste es nur hochheben, die Arme ausbreiten, damit
der Vergleich genau stimmt. Doch auch so sieht man die
treffende Assoziation, bei der die gesenkte linke und die
leicht hochgezogene rechte Schulter der Gestalt an die
Linien erinnern, die den Mastbaum horizontal kreuzen.

Den Mantel hat er sorgfältig zugeknöpft, um den Brustkasten, genauer gesagt die ordentlich unter dem Brustkorb sich befindende Lunge zu schützen.

»Franz, knöpfe deinen Mantel zu«, hat ihm am Morgen Hermann hinterhergerufen, dessen Gedanken schon im Geschäft waren. Er ist unzufrieden mit den Gehilfen, schon unzufrieden, dabei ist er noch zu Hause. Wenn er dann eintreten wird, werden sie auf das Klingeln der kleinen Glocke über der Tür mit dem Gekicher aufhören, jedoch nicht wagen, ihn anzusehen. Schweigend werden sie die Flüche aufnehmen. Hinter Hermanns Worten, »Franz, knöpfe deinen Mantel zu«, lauern schon diese Flüche. Brennen wie Glut. Jetzt spürt Franz, dass er seinen Mantel zu eng zugeknöpft hat. Er drückt ihn am Hals. Auch scheint der Wind jetzt nicht so stark, denkt er, wie am Morgen, als er ins Amt ging.

»Guten Morgen, Herr Doktor«, sagte der Portier und schlug die Hacken zusammen, seine Uniform ist eng geknöpft, doch der Stoff spannt am Bauch. Der Portier der Versicherungsanstalt ist Tscheche, Kafka aber grüßt er auf deutsch, aus purer Höflichkeit. Franz antwortet auf tschechisch, aus zuvorkommender Gefälligkeit. Auch der Portier vertreibt die Kunden der Versicherung immer auf tschechisch. Die Arbeiter sind überwiegend Tschechen. Die sturen und hoffnungslosen Fälle. Der Portier kann auf deutsch lediglich grüßen, denkt Franz, oder versteht er vielleicht jedes Wort? Darüber denkt er nach, während er vor ihm steht, unsicher abwägt, ob er weitergehen soll oder noch hier stehen muss. Mitfühlen mit jedem Mitarbeiter des Unternehmens. Wie es heutzutage heißt: man muss solidarisch sein mit dem Personal, denn wir schulden ihnen soviel. Aber wieviel und seit wann, denkt Kafka bei sich. Vielleicht müsste er noch etwas sagen zu diesem Mann, der militärisch die Hacken zusammenschlägt, respektvoll vor ihm stillsteht. Nicht so stramm wie die Soldaten, in der Haltung des Portiers liegt eine häusliche Schlampigkeit, eine tschechische, noch an die alte österreichische Monarchie erinnernde Anbiederung, friedliche bürgerliche Trägheit. Dieser Mann war mit Sicherheit auch beim Militär, vielleicht geht Franz das durch den Kopf. Er hat so eine Art. Und ohnehin weiß Franz wohl, dass man solche Stellen, vertrauliche Stellen, wie es heißt, eine Herrenstelle, eine bequeme Stelle, bei der man allerdings tagtäglich mit den niederen Leuten verkehren muss, nur gegen etwas bekommen kann. Und man muss sich erkenntlich erweisen. Darüber hinausgehend, dass man Portier ist, noch etwas tun.

Den Tag verbrachte er wie jeden Tag im Amt, was für ihn eine Art des Todes war. Auch für alle anderen ist es das, sagte Kafka immer zu seinen Freunden, nur weiß die große Masse der Menschen das nicht, da sie auf eine so tiefe Stufe der Knechtschaft und Dumpfheit gesunken ist, dass sie von da nicht einmal mehr herausblicken kann. Von denen allerdings, die noch für einige Augenblicke aus dem Rausch erwachen, den man heute Leben nennt, aus dem scheintoten Zustand, in den der moderne Staat die Bürger verbannt, erkennen all dies nur wenige.

Wenn die Zeit zwei Uhr am Nachmittag erreichte,

stand Franz auf, da der Tag zu Ende war. Er verglich seine Armbanduhr mit dem Stand der Zeiger an der Standuhr im Büro. Erleichtert seufzte er auf. Er ging in das von Ottla besorgte neue Monatszimmer, um seine eigentliche Arbeit fortzusetzen, für die er auf diese Welt gekommen war. Er ging in seine neueste Wohnung ins Goldene Gässchen. Erst spätnachts kam er von dort zurück. Wenn er dort eintraf, fiel er auf der schmalen Liege in einen leichten und erfrischenden Schlaf. Im Raum der Stille und Einsamkeit überkam ihn als Lohn der an dem Tag durchgemachten Leiden endlich der Schlaf. Beim Aufwachen kam er zu sich, als tauchte er aus der Tiefe eines Meeres herauf, nach Luft ringend und mit aufgerissenen Augen, setzte sich an den Tisch und begann bei dem durch das winzige Fenster hereinsickernden Licht zu schreiben. Er schrieb langsam, seine Hand war müde, lange starrte er in die Ferne, sein Blick verlor sich in eine noch nie gesehene Weite. Dann fuhr er fort, brachte Zeile um Zeile zu Papier. Das Schreiben löste allmählich die Spannungen in ihm, die während des Schlafs gerunzelten Augenbrauen lockerten sich, und auch die Furche, die einen tiefen langen Graben in seine Stirn schnitt, begann sich zu glätten. Sie war nicht mehr so tief und auch nicht mehr so streng wie vor dem Schreiben. Dann atmete er immer leichter, auch das rasselnde Geräusch verschwand, das aus seiner Lunge aufgestiegen war und sich in seiner Mundhöhle verstärkt hatte.

Die leichte Abendluft verführte ihn zu einem größeren Spaziergang als sonst. Obwohl er sehr gern die Karlsbrücke überquerte, ging er diesmal weiter und kehrte über die Čechbrücke in die Altstadt zurück, die Mietspaläste, die auch die Spuren des Ghettos vergessen machten sollten, fielen ihm schon von ferne ins Auge. Auch das Gebäude ihrer früheren Wohnung, ein Mietshaus mit Namen »Zum Schiff«, sah er schon von weitem. Jedesmal, wenn er an diesem Gebäude vorbeikam, blickte er zum Fenster seines Zimmers hinauf, das ihm die dort verbrachten Jahre ins Gedächtnis rief, vor allem Felice, die er mit dem Schreiben an sich hatte ketten wollen, wie Felice vorwurfsvoll zu ihm gesagt hatte, an die er sich tatsächlich durch das Schreiben hatte ketten wollen, um das schlechte Gewissen, das ihm sein Leben verbitterte, mit diesem Gewicht, das Felice hieß, ans Leben binden zu können. Auf der Niklasstraße, diesem im Zeichen des Neuen Stils erbauten Boulevard, den die Prager mit Vorliebe Pariser Straße nannten, weil er mit seiner schnurgeraden Führung und den prunkvollen Sezessionspalästen all jene an Paris erinnerte, die sich aus Prag wegsehnten, genauer gesagt an einen schönen Schauplatz ihres Lebens zurücksehnten. Der Boulevard führte auf den Platz, der das Herz der Altstadt bildete und den die Deutschen sowie die aus dem Ghetto ausgezogenen Juden den Großen Ring nannten, die Tschechen lieber Altstädter Markt. Für Kafka war es der Platz, an den seine Eltern aus dem Mietspalast »Zum Schiff« gezogen waren. Aus seinem Fenster blickte er jetzt aber nicht auf den Platz, sondern auf die russische Kirche daneben, die Niklaskirche, die bis zum Kriegsende in russischem Besitz gewesen war.

Jahre zuvor hatte er einmal lange im Fenster des Hauses »Zum Schiff« gestanden und das Gefühl gehabt, ihm bliebe keine andere Möglichkeit als zuzulassen, dass ihn die Erde an sich riss, die die Slawen Mütterchen nennen, die jetzt auch ihn in sich aufnehmen würde, die am Ende gleich einem großen Schoß auch ihn in sich aufnehmen würde wie jeden von den Geborenen. In dieser letzten und erlösenden Möglichkeit blieb, so hatte er das Gefühl, nichts mehr, ihm war die Ehe nicht vergönnt, er hält es für unvorstellbar, dass er einmal ein Kind haben wird, er kann nicht auch noch einen Menschen unglücklich machen, der noch nicht einmal geboren ist, der dem entrinnen könnte, dass er seinetwegen leiden muss, er verursachte schon genug Schlimmes damit, dass die Lebenden Schande traf. In der Stille der Nacht hörte er sein Herz rattern, spürte sein Blut, das in seine Adern gepumpt wurde von diesem Herzen, das nicht aufhörte, seinem Körper zu dienen, er hörte die fernen Uhren, die die viertel Stunde schlugen, dann die halbe, die dreiviertel und schließlich die volle. Dann begann das Ganze wieder von vorn. Er lauschte den fernen Geräuschen, hörte den Klang seines Herzens, der aus dem Körper heraufbrach. Er betrachtete den Himmel und den Fluss und das lockende Pflaster in der Tiefe, unter seinen Füßen. In jener Nacht war er ganz nah dran, dass die unlösbaren Widersprüche.

Nebukadnezars Schweigen

Warum nur hat mich Nebukadnezars Geschichte so gepackt, die doch nichts Großartiges birgt, nichts Erhebendes, und mir noch nicht einmal die Flucht aus der erwartbaren Verzweiflung Freude macht? Doch warum habe ich dann das Gefühl, dass sie eine Botschaft für mich birgt. Und warum empfinde ich sie so sehr als mein eigen, da ich doch noch nicht einmal richtig schweigen kann? Dass Nebukadnezars jahrelange Stummheit verlorene Jahre gewesen wären, habe ich nie geglaubt. Ohne diesen Fluch wäre sein Reich nicht der gewaltige, selbst in seinen Trümmern noch überwältigende Irrtum gewesen, für den es jene Serie von Vorurteilen hält, die man Geschichte nennt. Franz nämlich hielt nichts von Geschichte, von der er in der Schule so viel gehört hatte und auch seitdem jedesmal, wenn man ihm irgendein Missverständnis als heilig verkaufen wollte. Im Namen der Geschichte werden sie noch Kriege anzetteln. Natürlich, wer's glaubt, wird selig. Beziehungsweise, möglich ist es, doch die, die so erzogen werden, werden niemals Helden. Kafka reichte es, daran zu denken, und schon hatte er das Gefühl, sein ganzes Leben war eine Reihe verlorener Jahre.

Doch ob es verlorene Jahre waren, die er seiner selbst nicht bewusst in Untätigkeit verbrachte, im jedem menschlichen Auge verschlossenen Innenhof seines Palastes, wo

sich panischer Schrecken in seinen irren Augen eingenistet hatte? Seine Frau wagte schon längst nicht mehr,
zu ihm zu kommen, da der König, wenn er sie sah, zu jaulen begann und den Kopf in den Winkel der zusammen-
laufenden Mauern bohrte. Wenn er die näher kommenden
Schritte seiner geliebten Frau hörte, schlug er winselnd
den Kopf gegen die teuren Ziegel, die mit blendendem
weißen Email überzogen waren. Den Zinnenrand der
Mauern säumte feuerrotes Email. Im Sonnenschein, den
[die / das] er aus den fernen Bergen hatte holen lassen.
Seinen schneeweißen Palast hatte er wegen des weißen
Körpers seiner Frau errichtet. Alles war gebaut worden,
weil er nicht akzeptieren konnte, dass jeder Körper, selbst
der ihm kostbarste einzige Körper einst eine opale Schat-
tierung annehmen würde, dass jeder Blick eines Tages
einbrach und jeder Nabel seine duftende Nässe verlor und
zu einem stinkenden Krater wurde. Doch genauso floh er
vor dem Verfall der königlichen Macht. Lieber ließ er sich
auf alle viere herab, um selbst auf das zu verzichten, was
ihm das Liebste war. Er wollte keine Niederlage erleiden,
er hatte nämlich noch nie eine Niederlage erlitten.

Er hatte alle Requisiten der Macht abgestreift. Herum-
liegend markierten der teure Schmuck und die Kleider
seinen Weg. Der König stand nackt und auf allen vieren
inmitten des jedem Blick verschlossenen Innenhofes,
als seine Diener ihn nach längerem Suchen fanden, und
wenn sie sich ihm zu nähern versuchten, gab er einen
heulenden Ton von sich, der den Dienern, die bis dahin

vor dem König gezittert hatten, Angst einjagte, und nur langsam bemerkten sie, dass der einst gefürchtete König solche Angst vor ihnen hatte, dass er in seiner Pein unter sich pinkelte. Als ihnen klar wurde, dass ihren Herrn ein göttlicher Fluch getroffen hatte, begannen sie ihn lachend zu verspotten und ihm Angst einzujagen, schürten seine panische Angst, bis er zitterte. Als seine Frau kam, ihn sah und nach kurzer Zeit begriff, was mit ihrem Gemahl geschehen war, befahl sie allen, den Hof zu verlassen, und ließ diesen mit der strengen Anordnung schließen, dass von heute an niemand mehr außer ihr auch nur einen Fuß hineinsetzen durfte. Auch seine Gemahlin griff der König winselnd und jaulend an. Die Frau bedauerte ihn, der sie so sehr geliebt hatte, und führte von dem Tag an selbst die Geschäfte des Reiches, ihre Hoffnung, einst noch einmal in einem Bett mit ihrem Mann zu schlafen, wie es die Pflicht der Eheleute war, schwand von Tag zu Tag.

Die Jahre vergingen elendig. Das Haar des Königs war zerzaust und hing in Knäueln herab, jeden Tag von mehr grauen Haaren durchzogen, bis schließlich nur noch ein paar weiße Haare auf seinem Kopf geblieben waren. Sein Bart reichte bis zur Taille, und auch er war voll grauer Haare. Manchmal saß er tagelang in Verzückung da und rührte sich nicht. Im Palast gab es einen buckligen, einfältigen Diener, der als Sohn einer der Nebenfrauen des Königs geduldet war. Der Junge wurde zu den Pferden geschickt, er mistete die Kühe aus und fütterte sie, alle unwürdigen und ekelhaften Arbeiten wurden ihm aufgetragen, weil er blöde war und auch nicht sprechen konnte. Er beschwerte sich nie. Diesen Jungen stellte der Erste Minister auf Bitten der Frau des Königs diesem zur Seite, damit er den Dreck hinausbrachte und die emaillierten Bodenziegel des prunkvoll verzierten Innenhofes wischte. Der Einfältige fand daran nichts auszusetzen. Er verhielt sich auch hier so wie in den Ställen. Der König erkannte ihn nicht. Er sprach den König nicht an, nur manchmal gab er einen Ton von sich, eher wie er es bei den Pferden tat, wenn er sie beruhigte. Der König war manchmal unruhiger, bei Neumond oder zu Beginn der Regenzeit. Wenn der Junge sah, dass der König graste, stellte er sich neben ihn, ließ sich auf alle viere herab und begann die Grashalme zu kauen wie die Hunde und Katzen, den Kopf zur Seite geneigt. Anfangs knurrte der König ihn bedrohlich an, dann gewöhnte er sich an ihn. Einzig diesen Einfältigen ertrug er. Wenn der König ihn sah, schlug er nicht panisch den Kopf gegen das Gestein. Man wusste nicht, was an diesem elenden Jungen ihn beruhigen mochte, dann aber vergaß man alles. Die Frau des Königs vergaß ihren Gemahl nicht, zum Neujahrsfest, an den Tagen des Mondneujahres, floh die Königin in die verschlossenen und schon seit Jahren leeren Gänge und lugte durch den einzig ihr bekannten Spalt, ein Brett der zugenagelten Tür beiseite schiebend, in den Hof, der auch jetzt im Licht schwamm, Bäume und Blumen wucherten entfesselt, der Duft war betäubend und vermischte sich mit dem Geruch von Fäkalien und Urin, die Frau des Königs aber sah keine Veränderung. Der König saß auf dem Boden, die Kleider waren längst von ihm gefallen, nichts in dem teuren Palast erinnerte noch an den alten Glanz. Die Edelsteine hatte er von sich gerissen, und da er sie nicht essen konnte, hatte er sie beiseite geworfen. Seine goldenen Spangen benutzte er, um etwas aus der Erde zu kratzen, und wenn er damit fertig war, warf er sie weg. Oder er vergrub sie und vergaß, wo. Manchmal schnüffelte er auf dem Boden und begann auf gut Glück mit beiden Händen zu graben. Der König bot einen elendigen Anblick, er stank und war widerlich, und keiner hätte in diesem menschlichen Wrack den mächtigsten König der Welt vermutet. Alle wussten, dass er der König war, nur er nicht. Der Körper des Königs allerdings war heilig, deshalb durfte ihn keiner anrühren. Vor der Sonne zog er sich in den Schatten zurück, und wenn es regnete, legte er sich unter den freien Himmel und suhlte sich nackt in den Pfützen. Jahr um Jahr verging und niemand glaubte mehr an die Heilung des Königs. Nur der Einfältige war ihm treu und sagte zu keinem ein Wort. Doch nach einiger Zeit verließ er den König auch nicht mehr, auch er saß da, in gebührendem Abstand zu seinem Herrn, und ahmte diesen in allem nach. Wie die Jahre vergingen, ähnelte er ihm immer mehr. Sein Haar hing in Knoten von ihm herab, sein Bart reichte schon bis zur Taille und war von grauen Haaren durchzogen. Wenn er den Drang verspürte, begann auch er hockend, von lautem Ächzen begleitet, zu kacken, um sich zu erleichtern. Wenn er fertig war, ging er etwas beiseite, um sich von der großen Anstrengung auszuruhen. Auch ihn störte der Geruch nicht. Der König gewöhnte sich langsam an diesen einsamen Diener, der nichts wollte und kein Wort an ihn richtete, und von Jahr zu Jahr empfand er größeres Vertrauen zu ihm. In den dürren Jahren seiner Einsamkeit entfremdete er sich nicht völlig den Menschen, denn er war in seinem Alleinsein nicht völlig einsam. So vergingen die Jahre. Das Mondneujahr kam, und der leuchtende Mondgott wandte sein glänzendes Gesicht erneut dem verbotenen, jedem verschlossenen Hof des königlichen Palastes zu, blickte auf die beiden im Innenhof hockenden Gestalten.

Wenn der König schlief, putzte der Diener den Hof, schaffte ihre Exkremente hinaus, bestreute die Kot- und Urinstellen mit Sand und spülte sie mit Wasser weg. Er goss die Blumen, brachte sauberes Wasser für das Wasserbecken. Er verstreute frische Früchte auf der Wiese, hängte gebratene Hammelkeulen an die Äste der duftend blühenden mehrjährigen Sträucher. Dann legte er sich schlafen in sein Nest, das ähnlich dem seines Herrn aus Grashalmen gebaut und in dem ebenso wie in dem des Königs drei eierförmige weiße Steine versteckt waren, auf denen er gleich den Vögeln jeden Tag lange saß und die er regelmäßig wendete. Aus den Steinen war noch nichts geschlüpft, weder im Nest des Königs noch dem seines Dieners. Der König begann die Geduld zu verlieren, er wurde unzufrieden. Beruhigen konnte ihn nur, was er jedesmal verstohlen überprüfte, dass auch die Eier seines Dieners noch keine Anzeichen zeigten, dass die Jungen ausschlüpfen wollten. Die Steinvögel wollten sich mit ihren Eier brechenden Zähnchen neugeborener Vögel einfach nicht zeigen.

Der große König, Herr der Unterwelt, stellte sich, nachdem er das Brüten beendet hatte, auf alle viere, schleppte sich, da ihm inzwischen die Gelenke eingeschlafen waren, etwas beiseite und pinkelte, das rechte Knie hebend, an den nächsten Strauch. Währenddessen ließ er den Blick schweifen und bemerkte die in der Nähe hängenden Keulen. Ihm fiel ein, dass er hungrig war. Da er fertig war, kroch er auf allen vieren weiter und zerrte mit dem Mund einen Braten herab, den er auf dem Boden zerfleischte. Kam der Diener näher, knurrte er ihn an. In seinem Schreck richtete sich der Diener auf und rannte auf zwei Beinen davon. Den verrückten König irritierte das sehr. Kurze Zeit später richtete auch er sich auf. Er tastete mit den Händen seinen Körper ab, als suchte er etwas. Dann sagte er im alten Ton zu seinem von Gewissensbissen geplagten Diener, er wünsche seine Kleider. Er solle aufstehen und sich nicht länger verrückt stellen. Und er fügte noch hinzu, er, der König, wisse sehr genau, dass er sich nur aufspiele. Und das sei seiner wirklich nicht würdig, obwohl die Erfahrung, wenn auch auf widersprüchliche Art, beweise, dass nur der den Verstand nicht verliert, der ihn richtig gebraucht.

Erinnerung einer Nähe

Wer vor den Gespenstern der Stadt oder den Dämonen des eigenen Herzens fliehend dem Großen Ring, dem Herzen der Altstadt entkommen will, der wende das Gesicht nach Norden. Blickt er von der Mitte des Platzes zum Nachthimmel hinauf, kann er den leuchtenden Morgenstern, den Stern Luzifers sehen. Dieses Licht wird ihm den Weg weisen, wie sehr er auch verwirrt sein mag. Wie groß auch der Kummer ist, der sein Herz drückt. Er kann vor Angst schweißgebadet sein, am ganzen Körper heiß, doch wenn er das Gesicht nach Norden wendet, wird er die kühle Brise spüren, die ihm von der Niklasbrücke entgegenschlägt. Der Dunstschleier wird ihn streicheln wie das fieberkranke Kind der Schleier der Mutter, die sich, gerade aus dem Cabaret zu ihrem weniger besorgten Mann heimgekommen, über das Bettchen beugt. Dieser Schleier birgt noch den kühlen Hauch der Nacht von der kalten Straße. Und schön ist es auch, darin den schweren und betäubenden Geruch des Zigarrenrauchs wahrzunehmen, den die Männer mit vom Whisky berauschten Gesicht der Mutter ins Haar geblasen haben, wenn sie sich über ihren Nacken beugten, um ihr etwas ins Ohr zu flüstern, was nur für sie bestimmt war. Und die Mutter hielt ihnen die zierliche schneckenförmige Ohrmuschel hin, und die Berührung des Schnurrbarts, der ihre Haut kitzelte, der warme Hauch, der aus dem flüsternden Mund in die diskret sich schlängelnde und in der Vertiefung der Haut verschwindende Ochrea des Ohres schlug, ließen sie erschaudern.

Über dem Großen Ring senkt sich das Gewicht einer der ältesten Nächte Osteuropas auf den einsamen nächtlichen Wanderer. Auf diesem Platz gibt es vielleicht am längsten in Osteuropa die Juden, die überall zu Hause sind, denn überall gähnt derselbe leere Himmel über ihnen. Doch diese gähnende, der Welt mit Verschlingen drohende Tiefe hatte hier vielleicht das größte Gewicht, einige Meter vom alten Ghetto entfernt, hier im fernen Norden, in den die Juden aus Jerusalem all ihre Angst und Furcht geschleppt hatten. Und wer das nicht mehr aushielt oder in wessen Herzen sich Dämonen eingenistet hatten, der konnte von hier am schnellsten fliehen, wenn er, nach Norden sich wendend, zwischen den hohen Häusern hindurch bis zum Ende der schnurgeraden Niklasstraße rennt, das auf ihm lastende tonnenschwere Gewicht abstreifend endlich aufatmet und auf der Niklasbrücke, die die Tschechen Čechbrücke nennen, über dem würdevollen Wasser der Moldau steht. Auf der anderen Seite der lockende Hang, der nach Thronfolger Rudolf benannte Garten, der ihm Zuflucht bieten könnte, wo er sich vor seinen Verfolgern hinter Bänken, Putten und Sträuchern verstecken könnte, dorthin gelangt er nicht mehr. Die Niklasstraße heißt bei den Pragern »Anlaufstraße für Selbstmörder«. Verführerisch stellt sich das niedrige Geländer der Brücke den Unglückseligen,

Einsamen, Verlorenen in den Weg. Denen, die mehr empfinden als die anderen. Denen, die von den Dämonen vor sich hergetrieben werden.

Kafka stand am Fenster und blickte auf die hinter dem Haus auftauchende Niklasstraße, die jetzt menschenleer war. Er sah die Dämonen, die ziellos in der Altstadt des ausgestorbenen nächtlichen Prags herumlungerten. Auch in den engen Gassen der Stadt sah er sie immer, wenn er nachmittags oder während seiner Spaziergänge zur Dämmerstunde in die eine oder andere Gasse blickte. Er hatte sich schon an ihre Anwesenheit gewöhnt. Auch sie kannten seine hochgeschossene Gestalt. Dennoch prasselte die Nacht jetzt mit solcher Kraft auf ihn nieder, dass die Schultern ihm darunter brachen. Schon seit Jahren musste er alle Kraft zusammennehmen, um sich gerade zu halten, um den Kopf so weit aus dem Wasser der Nächte zu heben, dass er Luft bekam. Deshalb saß er dort bis zum Morgen an seinem Schreibtisch, um den Kopf ein bisschen höher heben zu können, nur so weit, dass er Luft bekam. Schon seit Jahren rang er nach Luft. Er wusste, dass die schmutzige Flut nahte, dass der Geruch von Leichen sich überall in Mitteleuropa ausbreitete. Er bekam keine Luft, seine Lunge ging schwer. Sein Körper funktionierte in dieser Anstrengung wie die im Schatten kämpfenden Pflanzen. Hochgeschossen recken sie sich in die Höhe, um Licht zu bekommen. Von dieser Anstrengung werden sie zerbrechlich und wehrlos. Ein schwacher Sturm schon reißt sie zu Boden. So erging es Kafka mit der Luft, um die ringend er sich durch die Stadt schleppte, hinauf auf den Hradschin, über die Moldau und zurück. Wie die im Käfig eingesperrten Tiere im Tiergarten kreiste er gereizt durch Prags nächtliche Straßen.

Im vierten Stock des Hauses »Zum Schiff«, wo er das ganze Jahr bei offenem Fenster schläft, steht er jetzt im Fensterrahmen und blickt gehetzt zum Josefsplatz, das aufblitzende Mondlicht zieht auf dem ausgestorbenen Pflaster der Niklasstraße Streifen, sein Blick scheint auf das Mauthäuschen der Niklasbrücke zu fallen. In Wahrheit aber betrachtet er das Wasser. Die Tiefe von vier Stockwerken, die sich jetzt wie ein Abgrund vor ihm auftut, obwohl er sonst nur die Entfernung sieht. Nun aber eine Kluft, die ihn für immer in sich einschließen kann. Sein Gesicht ist dunkel, die Augen sind von tiefen Schatten umgeben. Das Licht fällt von oben auf ihn, Luzifers Stern, der hellste am Himmel, scheint auf ihn, und der phosphoreszierende Dunst des Mondes. Dieser Dunst rieselt auch auf die Wellen der Moldau. Die Bogenlampen der Niklasbrücke schweben wie eine Perlenkette zur Kleinseite hinüber, über den Fluss des Ausgleichs, über den er einmal mit Felice ging, die sich bei ihm eingehängt hatte wie Eheleute am Sonntagnachmittag, als wären sie am Ende einer langen und müden Ehe, enttäuschte und gebrochene Sklaven der von der bürgerlichen Scheinheiligkeit geforderten Sitten. Wenn er es richtig bedenkt, ist er da in seinem ganzen Leben am glücklichsten gewesen. Und er wird niemals mehr so glücklich sein.

Kafka und die Farben

Wie seltsam die jüdischen Familiennamen sind, dachte Kafka in seiner Kindheit, als ihm auffiel, dass es unter seinen Bekannten nicht nur Kleins und Groß', Dicks und Kleppers, Reichs und Arms gab, sondern bei näherem Hinsehen auch witzige Namen, die nach Farben benannt waren. Natürlich die Grundfarben wie Grün, Rot, Blau, Gelb, Schwarz und Weiß, das waren alles Namen, bei denen man sofort wusste, dass die Träger nur Juden sein können. Eins zu zehn, ja, eins zu hundert, wenn nicht sogar mit noch größerer Wahrscheinlichkeit konnte man wetten, dass Blaus nur Juden sein können. Und wäre man mit ihnen ins Gespräch gekommen, hätte sich gewiss schnell durch eine einzige Geste herausgestellt, dass der Betreffende kaum etwas anderes sein konnte. So vergingen die Jahre. Sie besuchten zu den Feiertagen im Herbst Gelbs, dann im Frühjahr kamen Grüns, ihnen folgten Rots. Weiß' folgten Schwarz', die traurige Familie Schwarz. Doch am Ende landeten sie immer bei Blaus. Armer Herr Blau, sagte Mutter, als sie am Abend nach Hause kamen. Warum arm, Frau Blau war doch sehr zufrieden. Ich verstehe nicht, warum wir sie bedauern müssten, sagte er dann knurrend, nur um seiner Frau zu widersprechen. »Sie sind nur so durchscheinend. Wie der Himmel. Sie sind überall, doch nirgends zu Hause«, antwortete Julie. »Sie sind halt Juden«, so Hermann. »Na und du, Hermann«, fragte Julie zurück, was Hermann nie gern hörte. »Ich bin Kafka«, er riss ein paar Mal die Arme hoch, ließ sie dann schwer wieder fallen, um zu bedeuten, dass von seiner Seite die Diskussion beendet war.

Das Ehepaar Schnee

Es war eine kalte Nacht im Spätherbst. Auf die Straßen hatte sich ein schwer lastender Vorhang gesenkt, der an jeder Zweigspitze hängen blieb, Falten warf, strudelte, hier und da vom Wind erfasst. Ein gestrickter Spitzenvorhang, schwerer Brokat fegte die gepflasterte Straße entlang und machte einen Buckel wie die ausgemergelte Katze, das zerzauste Fell stand in alle Richtungen ab. Alles war schäbig. Der dahinschwindende Herbst glich dem geprügelten Hund, der hier und da schnüffelte, doch misstrauisch allem aus dem Weg ging und beim kleinsten verdächtigen Zeichen winselnd das Weite suchte, wobei er den Schwanz zwischen die beiden Hinterbeine klemmte. Dermaßen ausgeliefert war jetzt der Herbst. Der Wind schlug gegen einige Fenster. Spaletten klappten auf und zu. Die Gaslampen tauchten die Häuserwände, die schon entlaubten Bäume und Sträucher in ein opales Licht. Ein Ehepaar näherte sich auf der Straße, die leer war und schäbig, eher einer Unterführung ähnelte in ihrer düsteren Ballung, über ihr die Zweige der Bäume einander zugeneigt, in der Nacht ein sonderbares Gewölbe bildend. Jeder, der sie gesehen hätte, hätte sie für ein Ehepaar gehalten, deshalb halten auch wir sie für ein Ehepaar, weil sie wirklich eines waren. Ein Ehepaar, das außer der gemeinsam verbrachten Zeit und der vom Gesetz vorgeschriebenen Rituale noch ein unsichtbares Band zusammenhielt. Wie sie aneinander sich festhaltend auf der Straße spazierten, hätte niemand sehen und auch nicht denken können, dass das langsam tanzend vorankommende Paar, dessen Kleiderzipfel immer wieder vom Wind erfasst wurden, vor kurzem auf die Erde gelangt und in dieser Straße aus den sich zusammenballenden Schneewolken herabgefallen war. So kurz war ihr Leben, als sie das Ende der in den Hang des steil abfallenden Hügelchens gebauten Straße erreichten. Aus einem der Fenster blickte erschrocken ein Kindergesicht heraus und war entsetzt von dem Anblick des vertraulich einander zugeneigten schweigsamen Paares, dessen Schultern sich berührten und dann wieder voneinander entfernten. Die Gesichter des Paares sah es nur verschwommen. Deshalb sprang es zum Fenster hin, das vom sich niederschlagenden Dunst auf dem dünnen Glas innen trübe und außen von Eisblumen besetzt war. Als jedoch sein Fingerchen einen kleinen Fleck freigewischt hatte, damit es das hier noch nie gesehene Paar genauer in Augenschein nehmen konnte, war dieses schon weitergegangen. Es glitt dahin wie auf einem Schlitten, oder es schwebte, der Wind ließ es schweben, ein wenig hierher, ein wenig dorthin. Eine seltsame Weise, als würde es gar nicht spazieren, diesen Eindruck erzeugte die Bewegung des Paares bei allen, denen es in der frühen Dämmerung auffiel. Eine Spur blieb von ihm nicht. Doch ob von zwei sich begegnenden Schneeflocken irgendeine Spur auf dieser Erde bleibt, ist wirklich eine zu denken gebende Frage.

Kafkas vierzigster Geburtstag

Alle Gestalten, denen ich während des Schreibens begegnet bin, alle Figuren meiner Schriften irrten durch das Nichts, und ich versuchte sie aus ihm herauszuführen. Ich bin gescheitert, weil ich niemandem einen Ausweg zeigen konnte, am wenigsten mir selbst, der sie begleitete, um ihnen einen Weg zu eröffnen in dem Labyrinth, in dem ich auf meine armen Figuren stieß, um mich auch selbst mit ihnen zusammen zu verirren. Ich konnte ihnen nicht von Nutzen sein, während ich mich selbst verlor, ich verwischte den Rückweg, ich tappte so lange durch den Schnee, bis die Spuren, die ich hinterließ, auch mir selbst nicht mehr halfen. Vierzig Jahre Wandern in der Ödnis oder Wüste müssen nützlicher gewesen sein, denn am Ende gewährte das Gelobte Land immerhin Einlass. Doch was kann ich denen, die in meine verworrenen Schriften blicken, geloben außer Schande, die ich nicht abwaschen kann, wie eine nicht geschehene Kränkung, für die man nicht einmal mehr um Vergebung bitten kann.

Kafka und das Fahrrad

Als Franz Jurastudent war und die Familie noch im Haus »Zu den drei Königen« wohnte, stand in seinem Zimmer, das auf die verkehrsreiche Straße ging und von soldatischer Einfachheit war – außer dem Bett gab es in dem Zimmer nur einen Tisch und ein Regal für die nach Holzmehl schmeckenden Jurabücher –, ein Fahrrad. Der Vater war lange dagegen gewesen, dass Franz sein Taschengeld ausgab für dieses neue, seiner Ansicht nach überflüssige und darüber hinaus plumpe Ding. In den mit seinem Sohn geführten Diskussionen hielt Hermann die ganze Erfindung für überflüssig, für eine Idee hirnverbrannter Geister, die nur dazu dienen konnte, den Frieden zwischen den Menschen aufzurühren. Kein Zweifel, sagte er, dass so etwas die Liberalen sich ausdenken, na und die Freimaurer, die sich ständig über eine neue Weltordnung den Kopf zerbrechen. Dabei würde es genügen, das Alte gut zu nutzen, denn wenn es bisher funktioniert hat, warum sollte es nicht auch weiterhin funktionieren, so meckerte Hermann.

Aber die Liberalen wollen doch auch die Entrechtung der Juden abschaffen, wenigstens deshalb müsstest du sie doch unterstützen, Papa. Doch Hermann akzeptierte dieses Argument nicht, denn Konkurrenz gebe es, damit von den Kaufleuten der Beste bestehe. Die Juden sind die

Besten, weil sie zweimal so viel leisten müssen wie die anderen. Wäre das nicht so, würden sie nicht als Parias gelten, wären nicht sie die Besten. Und wenn wir es so betrachten, kann es, du wirst sehen, kaum zu etwas Gutem führen, wenn es all das nicht mehr gäbe. Die Juden bleiben nur ein Volk, solange man sie nicht genauso leben lässt, wie es allen anderen um sie herum erlaubt ist, so predigte Hermann und übertönte immer lauter Franz' leise, gedämpfte, absichtlich zurückgenommene Stimme. Franz allerdings wandte sich mit seinem ganzen an der Rechtsfakultät neu erworbenen Wissen gegen seinen Vater, und da es ihm gelang, die Geduld zu bewahren, konnte er mit gutem Grund darauf vertrauen, seinen Vater bald zum Zurückrudern zu bewegen.

Hermanns allerletztes Argument, als Franz ihn schon fast in die Ecke gedrängt hatte, war: Wie ich es auch betrachte, es ist nicht jüdisch. Dieses so gefundene Argument, das keineswegs logisch war – weil es aus nichts folgte, worüber sie zuvor gesprochen hatten –, vorzubringen hätte man vor allem von Hermann nicht erwartet, der bis dahin in seinem Urteil über neue Erfindungen nie von seiner konfessionellen Zugehörigkeit beeinflusst worden war und der dieser Zugehörigkeit keine große Bedeutung beimaß. Dann fügte er noch eilig hinzu, da ihm dieses Argument, das üblicherweise die Rabbinen im Munde führen, schon mal eingefallen sei, dass auch in der Thora davon nicht die Rede sei. Bewege sich der Mensch fort, wie er geschaffen wurde, zu Fuß. Und wenn er das als unter seiner Würde betrachte, dann höchstens mit

Pferd oder Esel. Oder mit der Pferdebahn, setzte er noch hinzu, doch dann verschluckte er den Rest des Satzes und beendete hier die Diskussion, weil es doch noch andere, weitere Möglichkeiten gegeben hätte, die Eisenbahn, das Schiff, und neuerdings verging kaum eine Woche, in der die Zeitungen nicht von einer neuerlichen Flugkonstruktion berichtet hätten. Doch Hermann spürte, dass er hier verwirrendes und für ihn unsicheres Terrain betrat, auf dem ihn sein Sohn schnell übertrumpfen und besiegen konnte, wenn ihm alle Argumente ausgehen würden, die er Franz' begeisterten Worten hätte entgegnen können. Denn Franz begann, sowie er die Erfahrung machte, dass auch nur die Erwähnung des Fahrrads den Ärger des Vaters erregte, stur auf dem Fahrrad zu beharren. Er wählte sogar, um die Sache zu beschleunigen, auf gut Glück eine von den Anzeigen aus, die unter Anleitung eines geübten und vertrauenswürdigen Fahrradlehrers das Erlernen des Fahrradfahrens anbot. Er suchte die genannte Straße auf und lief sie entlang, aber er erkannte schon von weitem das Schild, auf dem eine Dame stand, an das Fahrrad gelehnt, herausfordernd und kokett. Sie trug leichte Fahrradkleidung, die Bewegung ermöglicht, Überhitzung verhindert, die freie Weitung der Lungen unterstützt und den Fahrradfahrern dennoch die Wahrung von Anstand und Würde erlaubt, sogar während des Tretens. Franz war von der Eleganz überwältigt, mit der die Damen und Herren auf diesen graziösen Metallschöpfungen dahinglitten. Damals sprach Franz schon seit langem nicht mehr direkt mit Hermann, dies hatten Hermann und der junge Franz nach den Enttäuschungen der Kindheit durch den Schein der Indirektheit ersetzt.

Warum hat mein Vater etwas dagegen, dass ich das Fahrradfahren ausprobiere, wenn der Großteil meiner Kommilitonen es neuerdings tut, fragte Franz beim Abendessen die links von ihm sitzende Julie und drehte sich mit dem Oberkörper ihr zu und unter diesem Vorwand aus dem Blickfeld des rechts von ihm sitzenden Hermann. Hermann sah seinen Sohn nicht an, der mit dieser Methode schon lange seinen Unmut erregte, nachdem Franz ihn einmal aus der Fassung gebracht und er sich nicht hatte beherrschen können, Franz hässliche Beleidigungen an den Kopf geworfen hatte, der von diesem über die Maßen groben und von ihm nicht parierbaren Angriff seine frühere Heiterkeit und gute Laune verlor, erstarrte, sich lange nicht rührte, den Blick auf die Tischplatte heftete. Er brauchte sichtlich Zeit, um sich zusammenzureißen und nicht zu weinen, wie er es in der Kindheit bei solchen Gelegenheiten oft getan hatte. Franz weinte nicht, er sagte nur leise zu Julie, mein Vater hat gewiss einen besseren Sohn verdient, doch daran ist vielleicht nicht der Sohn, sondern die Mutter schuld. Mit diesen Worten legte er die Serviette auf den Tisch und zog sich mit eingeknicktem Rücken zurück. Auch diesmal stellte er seiner Mutter die Frage, die offensichtlich an seinen Vater, Hermann, gerichtet war. Entsprechend der bewährten Ordnung sah der Vater, als säße Franz nicht mit am Tisch, über ihn hinweg und antwortete Julie.

Ein Fahrrad ist nichts für Juden, darüber lässt sich

meiner Meinung nach nicht diskutieren, doch wenn der junge Herr anderer Ansicht ist, dann tue er ruhig, was er möchte, habe er seinen eigenen Kopf. Ist doch egal, was mein Vater, der dumme ungebildete Handleh, sagt. Als gäbe es mich gar nicht. Um das, was ich sage, muss man sich nicht kümmern. Tue der Herr Student, der zukünftige Herr Doktor, ruhig, was seine Kommilitonen tun, er rennt ja ohnehin zu ihnen und stellt jedes familiäre Ereignis hinten an. Ich sah ihn auch letztens mit diesen Schwächlingen, alles feine Herren, kaum ein Jude darunter. Doch selbst diese paar Juden eher wie vornehm tuende Getaufte, echte Gojim. Sie sähen gern aus wie liberale junge Herren, die sich für alles begeistern, mit dem man die Alten ärgern kann und die Pfaffen. Aber ich weiß, dass auch die Rabbinen keine Freunde dieser neuen Maschinen sind. Es ist nicht natürlich, wenn der Mensch, der mit zwei Beinen geschaffen wurde, auf Rädern rollt.

Mein Vater lässt die auf der Hand liegende Tatsache außer acht, dass der Mensch, wenngleich es nicht so augenfällig ist wie im Fall des Fahrrads, auch bei der Pferdebahn auf zwei Rädern rollt, ja, selbst bei der alleralltäglichsten Kutsche handelt es sich nicht weniger darum, insofern mein Vater seinen eigenen Augen zu glauben gewillt ist, wenn schon nicht mir, weil er beschlossen hat, dass alles, was ich tue oder tun möchte, Erbärmlichkeit, Schlechtigkeit oder von vornherein die Dummheit eines Verrückten ist, barer Unsinn, sagte Franz wieder zu seiner Mutter gewandt, als hätte sein Vater nicht dort hinter seinem Rücken gesessen, rechts von ihm, so wie immer.

Das Fahrrad kaufte Franz dann dennoch, und er hatte das Gefühl, dies sei der glücklichste Tag seines Lebens. Er genoss sogar den Geruch des Fahrrades, musste es immerzu ansehen, selbst vom Bett aus ließ er es nicht aus den Augen, wie es dort bescheiden und in einer kalten Einsamkeit an der Wand stand. Franz hätte gern ein Gedicht dazu geschrieben, er hätte es gern ins Fenster gestellt, man sollte sehen, dass er ein eigenes Fahrrad besaß. Er spürte den Geruch des Metalls und des Fetts, mit dem im Geschäft die Achsen geschmiert worden waren, und man hatte ihn darauf aufmerksam gemacht, dass er oft nachschmieren müsste. Vor allem die Kette, diese begann schnell zu rosten, wenn man nicht genug aufpasste. Die Kette ließ einem doch etwas Unangenehmes in den Sinn kommen, Franz hatte das Gefühl, dass damit doch eine Bindung in sein Leben getreten war.

Den Fahrradsalon suchte er wieder auf, er wollte dem Vater zeigen, dass er es lernen konnte, dass es nicht so schwer war. Doch er war verkrampft, steif, auch schwer. Mit dem Laufrad konnte er noch Schwung holen, er spürte den Schwindel, den das Gleiten und der Schwung bedeuteten. Doch die Worte des Vaters drangen ihm wie langsam wirkendes Gift ins Bewusstsein, und als es Hermann überhaupt nicht mehr interessierte, was sein Sohn tat, er die Unwichtigkeit der Sache einsah, begann auch Franz die Fahrradstunden zu vernachlässigen. Doch die Damen mit den erhitzten und geröteten Gesichtern, der Anblick der Fahrradkleidung verfolgten ihn noch lange.

Die nackte Hand

Manchmal ist der Mensch der ihn umgebenden Welt völlig ausgeliefert, das wusste Kafka ganz genau. Nicht jeder lässt die Erfahrung zu, wenn diese das Antlitz der Dinge plötzlich verändert. Es heißt, dass nachts auf dem Friedhof alles lebendig wird und die Toten aus den Gräbern steigen. Es stimmt natürlich nicht, dass die Toten heraufkommen. Franz probierte es aus, er verbrachte die Nacht draußen auf dem alten jüdischen Friedhof, um zu beobachten, ob geschah, wovor so viele sich fürchteten. Er kam ein paar Minuten nach Mitternacht, öffnete vorsichtig das quietschende Friedhofstor und schloss es mit großer Behutsamkeit hinter sich. Er wartete klopfenden Herzens, doch es geschah nichts. Auch die Steine warteten wie immer. Die ältesten schon seit Jahrhunderten. Die Knochen unter der Erde waren schon auf dem Weg ins Heilige Land, dachte Kafka. Die ältesten mochten schon unter dem Mittelmeer sein. Auch sie, die Toten und die Knochen, hatten es gewiss nicht leicht. Der Friedhof war friedlich wie ein verzaubertes Meer. Die Steine waren schon unter den Jahrhunderten versunken, die einen hierher, die anderen dorthin gekippt. Wer sie in der Nacht betrachtete, in der nur wenig Licht schimmerte, sah keine geraden Linien, lediglich ein Durcheinander kreuz und quer. Als würde alles wogen, jetzt im Dunkeln kam es

Kafka noch mehr so vor, auch bei Tageslicht sah er es so. Doch jetzt in diesem ahnungsvollen Licht schienen ihm die wankenden Linien wie Schatten.

Kafka glaubte nicht an die jüdischen Geister. Vielleicht ging er auch deshalb auf den jüdischen Friedhof. Der Vater hatte es ihm in der Kindheit bei jeder Mahlzeit gesagt: Jüdische Geister gibt es nicht. Wie das bei den Gojim ist, sei deren Sache, hatte er gesagt. Aber er für seinen Teil sei sich ganz sicher, dass ein anständiger Jude nach dem Tod nicht zurückkehrt. Ihm reicht, was er im Leben von der Mischpoche hat ertragen müssen, sagte er und begann mit vollem Mund über seinen eigenen Witz zu lachen, noch bevor der irgend jemandes Beifall hätte finden können. Aus dem Lachen wurde ersticktes Husten, Hermann begann zu röcheln, sein Kopf lief lila an. Da sprang Julie auf und schlug die Hand zur Faust geballt ihrem Mann auf die Rückenmitte, das Rückgrat entlang bis zur Höhe des Kehlkopfs, damit der dort steckengebliebene Speiserest herauskommen konnte. Gott, erwürg ihn, quäl ihn nicht, flüsterte Franz der neben ihm sitzenden Ottla zu, die damals noch zu klein war, um den Witz verstehen zu können. Ottla runzelte die Augenbrauen, um ihren zügellosen Bruder für diese Bemerkung zu rügen. Dennoch gab es zwischen ihnen eine Komplizenschaft. Ottla wünschte zwar ihrem Vater nichts Böses, doch sie beobachtete hämisch das Zappeln des großen Körpers, das unförmige Zucken der breiten Schultern. Franz hatte das im Geschäft von den Gehilfen gehört, die es in einer ähnlichen Situation über einen der älteren Verkäufer gesagt hatten, als dieser mit rotem Kopf, Entsetzen in den Augen, nach Luft rang. Sie hatten sich nicht beeilt, ihm auf den Rücken zu klopfen. Doch Julie war sofort aufgesprungen und befreite Hermann mit geübter Hand von dem gierig hinuntergeschluckten und an den falschen Ort gelangten Bissen. Hermann sagte nicht danke, sondern bekam nur schlechte Laune und brüllte seinen Sohn an: Und du lachst noch über deinen Vater, sagte er röchelnd und außer sich, doch er erwartete keine Antwort auf die Frage, setzte das Essen nun schon ruhiger fort. Der Gänsebraten triefte vor Fett, Hermann glänzte um den Mund und an dem hervorspringenden Kinn vom verschmierten Fett. In den Mundwinkeln hingen winzige Fleischfasern, diese beobachtete Franz, als er sich seinem Vater zuwandte. Er antwortete nicht auf die Frage, denn er war nicht aufgefordert, auch zu antworten. Die Knochen warf Hermann unter den Tisch, aus Ärger, weil die Schüssel nicht dastand, in die er sie wegen Julie heuchelnd legen musste. Er konnte seiner natürlichen Neigung, die Knochen wegzuwerfen, nicht folgen. Wie er es früher getan hatte, bevor Julie es ihm verbot, genauer gesagt, bevor sie ihm behutsam bedeutete, dass das bei Löwys nicht üblich sei, und auch wenn er es zu Hause täte, so würde sie ihn doch sehr bitten, von diesem Verhalten Abstand zu nehmen, wenn sie bei ihren Eltern aßen. Aufgrund dieser Bemerkung verstand Hermann, dass Julies Familie tatsächlich diese Erwartung formuliert hatte, die seine Frau nun vorsichtig aussprach. Da verließ Hermann auf der Stelle den Tisch, doch weil er auch seine Frau respektierte – sah er in ihr doch zugleich auch seine

Geschäftspartnerin, die das Startkapital eingebracht hatte und ihm mit ihren klugen Ratschlägen und familiären Beziehungen stets zur Seite stand, das Geschäft unterstützte und die Familie führte –, dachte er immer über Julies Worte nach. Nach einigen Tagen bat er schon um einen kleinen Teller für die Knochen, denn ihn von sich aus hinzustellen, so wie er bei ihr zu Hause Teil des Gedecks war, wagte Julie dann doch nicht, damit Hermann nicht auch das noch als Beleidigung aufnahm wie so vieles.

Kafka auf der Brücke

Es war schon Abend, da diese Erzählung beginnt. Das Licht der Bogenlampen verwandelte den dichten Nebel in einen wollartigen Stoff. Kämpfend, verzweifelt glomm die Flamme. Als gäbe es zu wenig Luft oder als wäre sie an einem unerträglich kleinen Ort eingezwängt und könne es kaum erwarten, auszubrechen. Ein dunkler, großer und lächerlich dünner Mann betrachtete das Wasser. Wer ihn von weitem sah, wie er sich über die Steinbrüstung beugte, konnte glauben, er hätte etwas in den Fluss fallen lassen und verfolgte es nun mit den Augen, suchte es zwischen den davonlaufenden Wellen, die mal Zweige, mal Dinge unsicherer, unerkennbarer Form mit sich spülen. Kafka jedoch beobachtete nicht das Wasser, sondern sich selbst, und wie derzeit so oft dachte er an Selbstmord. Es gab auch noch Gaslampen mancherorts, wo das Geld nicht gereicht hatte, sie auszutauschen, die Mähnen der Stein-löwen auf der Karlsbrücke schienen in diesem Licht zu wehen. Natürlich stand ein jeder von ihnen reglos und kalt, so steif wie sich das für Statuen gehört. Ihre nackte Haut war glatt. An manchen Stellen, dort, wo die Spaziergänger sie immer streichelten, glänzten sie auch, als schwitzten sie. Nur die Passanten bekamen Gänsehaut, wenn man ihre nackte Haut berührte. Die Löwen beobachteten gleichmütig das Wasser der Moldau, die an den Pfeilern sich kräuselnde Wasseroberfläche zeichnete wechselnde Muster, immer gab es etwas zu verfolgen. Kafka bereitete sich, in seine Gedanken vertieft, auf die Reise vor. Er war aus dem Goldenen Gässchen vom Hradschin gekommen, und während er über die Brücke gegangen war, hatte er das Wasser betrachtet. Es ging ihm durch den Kopf, dass dieses Wasser auch mit ihm weitereilen könnte, wenn er sich über die Brüstung der Brücke werfen und diesem Fluss überlassen würde, der stillen und bescheidenen Moldau, die er schon seit der Kindheit kannte. Doch ob wohl der Fluss ihn kannte, dieser Gedanke kam ihm in den Sinn. Vielleicht war der Fluss doch ein richtiger Gott, irgendein Geist, der genauso existierte und sich erinnerte wie alles andere, das sich in der Zeit veränderte. Er stellte sich vor, die Moldau würde diesen lächerlichen Körper, der ihm gehörte, mit sich fortspülen, und all seine Sorgen würden verschwinden, die sich gerade daraus ergaben, dass er sich mit diesem Körper nicht abfinden konnte, der dazu da war, dass Kafka sich selbst, der ohne seinen Körper unerfassbar gewesen wäre, für andere sichtbar machte. Er konnte, gerade deshalb konnte er Felice nicht bitten, sein Äußeres zu vergessen, alles, was außerhalb seiner selbst befindliche Zufälligkeit war, und sich auf das Wesentliche zu konzentrieren, ihn als das zu betrachten, was er war, eine Hand, die ihr ohne Pause schrieb, dann das Briefpapier zusammenfaltete und in den Briefumschlag steckte. Aus so einem Umschlag hätte man auch ein Papierschiffchen falten können, wozu Kafka manchmal große Lust verspürte, die von ihm geschriebenen Seiten die Moldau hinunterschwimmen zu lassen. Das Wasser würde das Tintengekritzel langsam ablesen, die blamablen Zeichen, die Kafka geschrieben hatte. Und auch die Spuren seines ganzen schmachvollen Lebens auslöschen, dazu trieb ihn jetzt alles, was in den vergangenen Tagen geschehen war. Nächstes Jahr in Jerusalem, sagt man, doch es würde nie etwas aus der Reise werden, die er mit Felice und Max nach Palästina geplant hatte.

Die Tischrede

Also diese Juden, wisst ihr was, die sind verrückt. Kein einziger von denen ist normal, sage ich euch, sagte Kafka und beteuerte es nach dem dritten Glas Wein immer lauter, als er beim Abendessen selbstbewusst von seinen Geschäftspartnern sprach. Dann zählte er Fälle auf, sprang von einem zum anderen, unersättlich in der Freude der Aufzählung versunken, dass andere schlechter waren als er und er so sehr tüchtiger als seine Partner, seine Freunde, die er übrigens mochte, mit denen er sein und darüber hinaus das Leben seiner Familie und so natürlich auch das von Anselm fest verbunden fühlte. Doch nie sprach er mit Anerkennung von ihnen, höchstens mit einiger Nachsicht. Liebe ist nicht Anerkennen, höchstens Annehmen, im schlimmeren Fall Ertragen, in Liebe dulden, wie die protestantischen Gojim sagen. Er sprach zu seiner Frau, doch auch die Kinder waren anwesend, und also hörte auch Anselm, was Blau und Grün, Schwarz und Gelb, Roth und Weiß an dem Tag auf dem Markt gesagt und getan hatten.

Genauer gesagt im »Geschäft«, was, worum es sich auch handeln mochte, Anselm K. nicht verstand, doch ihn interessierte dieses »Geschäft« auch gar nicht, wo sein Vater der Gewinner war und alle anderen nur verglichen mit ihm etwas bedeuteten. Die Kinder müssen lernen, wie man schachert. Das ist nicht Niedertracht, sagte der Vater bei fast jeder Gelegenheit zur Mutter, der vorteilhafte Vertrag ist kein Verbrechen, kein Übervorteilen, was das Papier festhält, ist einfach ein vorteilhafter Vertrag. Hat nicht jeder das Recht, an dem Ast zu sägen, auf dem er sitzt? Das hat er, bitte schön, so wiederholte er immerzu, vor allem wenn er bereits das zweite Glas geleert hatte und von dem für Feiertage in der Kredenz versteckten koscheren Schnaps etwas angeheitert war.

Die Dinge gehen übrigens reihum, sagte er dann gern, um sein Gewissen zu beruhigen. Dein Gewinn ist heute des andern Verlust, doch morgen wendet sich das Blatt, und dann gibt Adonai dem zurück, von dem du heute genommen hast. Und wenn er es nicht durch dich zurückgeben lässt, dann durch einen anderen, der gerade etwas hat, von dem er es zurückgeben kann. Doch der Punkt ist, dass alle immer Teil des Systems sind, in dem die Chancen und Möglichkeiten ungleich verteilt sind. Warum müsste ich, gerade ich rührselig werden, wenn einen die Pläne und Möglichkeiten überfluten, man aber nichts damit anzufangen weiß. Diese Juden, denn Hermann hatte fast nur jüdische Geschäftspartner, sind alle verrückt, sage ich euch. Und mit welchen Namen sie den ganzen Tag herumrennen, und so aufgeregt, als käme der Messias genau heute nach Prag und als müssten sie vor dem Kerzenanzünden am Abend noch alles erledigen, denn wer weiß, wozu noch Zeit bleibt, wenn der Messias da ist. Und was wird überhaupt mit der Zeit als solcher, das fügte natürlich nur Anselm K. hinzu, und erst später, als er all das niederschrieb, wenn wir schon dabei sind, sagte

Hermann beziehungsweise der Vater. Denn stellt euch mal vor, und dann beginnen sie zu spekulieren, dass dieses Wort, Zeit, überhaupt keine Bedeutung mehr haben wird, denn die Zeit ist nur geschaffen, um dem Warten auf die Ankunft des Messias Raum zu geben, damit wir ihn irgendwie nennen können und er eine Ausdehnung hat, wie klein sie auch sei. Ich weiß natürlich nicht, was die Rabbinen und Professoren an den Universitäten darüber sagen, doch ich bin mir sicher, dass die Menschen, hätten sie nicht die Zeit erfunden, wie viel von einem Tag schon vergangen ist und wie viel von ihm noch vergehen wird, hätten sie also nicht dieses ständige Spekulieren zwischen der Arbeit und der zur Verfügung stehenden Zeit erfunden, dann hätten sie auch niemals das Geld erfunden. Was natürlich sehr gut gewesen wäre, denn dann hätte der eine nicht viel und der andere wenig, das ist doch klar, oder, gleichzeitig wäre es auch schlecht, denn man hätte nichts, womit man die Zeit des anderen kaufen könnte, um auch mit dieser zu wirtschaften. Dann hätte jeder nur so viel Zeit wie der andere, ein Tag also hätte für jeden nur zwölf Stunden, was gerade dafür reichte, dass der Tag vergeht, aber nicht einmal mehr dafür, dass wir alle Arbeit erledigen, die wir uns für den Tag vorgenommen haben. Ich zum Beispiel habe gestern eine Lieferung bekommen, doch ich hätte eine Woche gebraucht, um sie ins Lager zu schaffen, so aber habe ich die Zeit zwölf weiterer Menschen gekauft, und am Abend war alles drinnen. Das Problem ist nur, dass ich nicht mehr Zeit kaufen kann, und genauso fünf Uhr am Abend den Laden schließen muss wie der Nachbar Blau, dabei ist das eine schlechte kleine Bude. Natürlich könnte ich dieselbe Zeit einen zwei- oder dreimal so großen Laden geöffnet halten, mit einem zwei- oder dreimal so großen Lagerbestand und mit zwei- oder dreimal so vielen Gehilfen und Lehrlingen, und wenn ich viele Käufer hätte, dann könnte ich natürlich meinen Stammkunden, die ich dezent, natürlich nur dezent darauf hinweise, kleinere oder größere Rabatte zugestehen, wenn sie nicht bei Blau kaufen, doch die acht Stunden Öffnungszeit stehen im Gesetz. Denn gäbe es Blaus Laden nicht, dann müsste ich mir auch nicht mehr Zeit kaufen, es kämen in denselben acht Stunden sowieso alle zu mir. Und würde ich schließlich Blau aufkaufen, dann wäre das, als hätte ich Zeit gekauft ...

Solche und ähnliche Vorträge nutzte der Vater, um laut zu denken. Wie Anselm K. während der späteren Abschrift seiner Notizen auch selbst bemerkte, fehlte dem Vater, diesem Furcht einflößenden Mann namens Hermann, dem man auf den ersten Blick nichts Jüdisches ansah, der gut geschnittene, die soldatische Statur und die festen Muskeln eng umspannende Anzüge trug, der sein Gesicht immer sorgfältig rasierte, die gleichen Seifen und Düfte benutzte wie die Kaufleute der Stadt und in allem genau die Beamten und die Handel treibenden und sich vornehm gebenden Gojim nachahmte, diesem Hermann fehlte alles Jüdische. Am meisten fehlte ihm das Spekulieren in Worten, das ständige Variieren: Wenn wir es so sehen, dann ja, aber wenn wir es so betrachten, dann doch nicht. Das ständige Abwägen und Drehen und Wenden der Worte, die Haarspalterei, dass es hier doch eine Bedeutungsnuance gebe, die wir noch nicht ganz genau verstehen, jedoch irgendwie aus den Worten entfalten müssten. Ihm fehlte auch nur die Spur dieses unermüdlichen und im Grunde ziellosen Denkens. Wenn er sprach, benutzte er die Sprache als Mittel des Befehlens wie die Soldaten oder die anderen Uniformierten, denen Anselm K. draußen in der Stadt begegnen konnte. Bringt das her, schafft das dorthin. Dies hörte er auch immer von Hermann, wenn ihn der, also der Vater, mit in das zu Hause nur mit Andacht erwähnte Geschäft nahm. Auch im Geschäft waren alle Gojim, obwohl Hermann immer zur Hälfte Juden beschäftigte, die andere Hälfte aber waren Angestellte, die nicht wie Juden aussahen, weil sie auch keine waren. Auch von den beschäftigten Juden verlangte er natürlich, nicht wie Juden auszusehen, keine Schläfenlocken, kein Verneigen, nichts, was das vornehme Publikum an die verachteten jüdischen Gewohnheiten erinnert hätte. Doch er hatte nichts dagegen, wenn es den Angestellten doch irgendwie herausrutschte, dass sie Juden waren, er unterstützte das sogar, wenn sie der Kundschaft »Schalom« hinterherriefen, machte er sich nichts daraus. Auch wenn sie sich auf der Stelle korrigierten und »Auf Wiedersehen« oder »Dobrý den« sagten. Denn dann konnte die Kundschaft, wenn es nicht sogar selbst Juden waren, denken, na sieh, auch diese Juden können anständig sein. Und wenn der Kunde Jude war, der nicht wie ein Jude aussehen wollte, dann freute er sich, dass er dem Verkäufer mitwisserisch zuzwinkern konnte, und war er Jude, der wie ein Jude aussehen wollte, obwohl diese Hermanns herausgeputzten Laden kaum betraten, dann freute er sich, na, also doch ein rechtschaffener Jude, allerdings … Und hier sann die Kundschaft nach und verfiel in lange stille Spekulationen, und wenn sich die Gelegenheit ergeben hätte, dann zusammen mit anderen, den lieben langen Tag oder bis beide müde waren, denn sie vermochten einander niemals zu überzeugen … Nun, das ging Hermann auf die Nerven: Wenn sich diese Juden ohnehin nicht überzeugen lassen, wozu lassen sie sich dann auf das Spekulieren ein. Keiner ist fähig, irgend etwas einzusehen, sie ziehen nur gern die Zeit in die Länge, wollen nur spekulieren, auf Worten herumreiten, na, das haben sie gern, was er hingegen aus tiefstem Herzen hasste und verachtete. Wie er auch die Juden verachtete, warum sie sich seit Jahrhunderten nicht von diesen unangenehmen Gewohnheiten verabschieden konnten, sie seien, sagte Hermann einmal, wie sein Vater, den er hasste, weil er sein Vater war und zahlreiche Kinder gezeugt hatte, jedoch kein einziges von ihnen hatte versorgen und ihm soviel geben können, dass wenigstens nicht ständig sein Magen knurrte, sagte Hermann. Nicht so wie bei euch, triumphierend blickte er über den reich gedeckten Tisch auf seine Familie, auf die kleinlaut, mit gesenktem Kopf löffelnden Kinder und seine Frau, auf dieses kleine Geschöpf, das im Schatten des riesigen Hermann lebte und vielleicht deshalb auch so blass war.

Gab Hermann keine Befehle, wenn er redete, dann entschied er einfach, endgültig und unanfechtbar. Reden bedeutete für ihn Entscheiden, das hier kaufe ich, für den und den Preis. Oder nehmen Sie Ihren Kram und gehen Sie, auf der Stelle, Sie sind gekündigt, ich brauche keinen Gehilfen, der die Kundschaft nicht davon überzeugen kann, dass bei uns niemals so etwas passieren würde wie bei dem Schlendrian Blau. Oder er zählte, während er mit dem Zahnstocher zwischen den Zähnen herumstocherte, lallend wieder seine Gegner auf, die er, als das Essen zu Ende war, alle verunglimpft hatte, auch dann entschied er sofort und sagte unwiderruflich, Schwarz sei ein Betrüger, Roth scheinheilig, Katzmarek ein Päderast. Dieses Wort, Päderast, kannte Anselm Kafka nicht.

Wie Anselm K. mit der Zeit erkannte, da er alles aufschrieb, in seine unüberschaubar vielen Tagebücher und Briefe und auf jede ihm zur Verfügung stehende Seite unbeschriebenen Papiers, Tag und Nacht, auch, statt zu schlafen, er schrieb und schrieb, während des Schreibens also erkannte er, dass für Hermann die während der Familienessen gehaltenen langen und sich wiederholenden Reden jene jüdische Gewohnheit war, die er im übrigen verachtete, wie er manchmal auf seinen Vater verweisend bemerkte. Ansonsten wusste Anselm K. so gut wie nichts von Hermanns Vater, mit dem er insofern etwas zu tun hatte, als dieser Vater sein Großvater gewesen wäre, doch von diesem sprach Hermann nach Möglichkeit nie, nur manchmal erwähnte er ihn, verachtend, sozusagen als abschreckendes Beispiel für das Herumreiten auf Worten, als Fall eines sinnlosen Spekulierens und realitätsfremden Grübelns. Mit seinem Bild wollte er Anselm von diesem

abstoßenden und, es lässt sich nicht anders sagen, jüdischen Verhalten abhalten, vor dem Gott seine Familie
bewahre, doch da dieser ihn, also den Vater, glücklicher-
weise bereits davor bewahrt hatte, musste man beten
und alles dafür tun, dass diese Krankheit in der eigenen
Familie nicht wieder aufkam, am ehesten und vor allem
musste er den eigenen Sohn davor beschützen, und wenn
es anders nicht ging, dann indem er das abschreckende
Bild einer ansteckenden Seuche malte. Allerdings bekam
Anselm K. dieses in Worte gegossene Gegengift als Kind,
Jugendlicher und – durch ein unglückliches Zusammen-
spiel der Umstände – Mann in einer Menge und Dosis
verabreicht, dass das Gegengift zu Gift wurde und er
ein immer größeres Interesse an seinem Großvater ent-
wickelte, für dieses statt abschreckende nun schon an-
ziehende Beispiel jüdischen Verhaltens. Hermanns tiefe
Abneigung gegen die Juden speiste sich, wie Anselm K.
das später vermutete, wahrscheinlich aus dem Verdacht,
dass sich Hermann nicht sicher war, ob sein namentlicher
Vater auch wirklich sein biologischer Vater war. Gab es
hier nicht eine verborgene und geheime Distanz zwischen
dem Namen und der vom Namen bezeichneten Sache,
zwischen dem Namen des Vaters, K., und dem eigenen
Körper, der den Namen K. trug, jedoch durch die Mutter
auf die Welt gekommen war, weshalb nur die Mutter
sicher war, vielleicht hatte sich diese Ahnung irgendwie in
Hermanns nicht ausgesprochenen Gedanken eingenistet,
so hielt es Anselm in seinen ständig und fast ohne Unter-
brechung geführten Tagebüchern fest. Anselm nämlich

hielt durch das Schreiben zwanghaft die ihn umgebende Welt fest, und da er sich immer als ein etwas dummes und einfältiges, in die Welt der Erwachsenen hineinzuwachsen unfähiges Kind empfand, hoffte er durch das Schreiben, die Welt der um ihn herum geschehenden, für ihn nie durchschaubaren und begreiflichen Dinge zu verstehen. Anselm dachte nie daran und hätte die aufgestellte Parallele auch zurückgewiesen, dass es zwischen dieser von ihm betriebenen manischen Gewohnheit und Hermanns Tischreden, die abschweifend und seinem zielstrebigen, extrem rational zu nennenden Wesen völlig fremd waren, eine geheime und innige Verbindung gab. Und diese Verbindung wäre eben die Abneigung gegenüber dem jüdischen Verhalten und das gleichzeitige verhüllte Zugeständnis an es gewesen. Wie für Hermann das Reden die von ihm ansonsten zutiefst verachtete, von den Dingen abgehobene Spekulation gewesen wäre, so hätte Anselm K. den manischen Schreibzwang benutzt, um zwischen sich und der ihn umgebenden Welt eine Beziehung herzustellen. Teil dieser Welt war der tote Vater, der wie ein Dibbuk, die wiederkehrende Geistseele der Toten, noch immer hier war und fordernd zu Anselm sprach, von ihm über alles Rechenschaft verlangte, worüber Hermann gern auch vom eigenen Vater Rechenschaft verlangt hätte. Du hast dich schon wieder verspätet, schon wieder, wie immer bist du zu spät zu Bett gegangen. Ständig schreibst du nur diese überspannten Zeilen, dabei habe ich dich gebeten, rechtzeitig zu Bett zu gehen, weil ich dich heute im Geschäft brauche.

Das Furzen

Wir sehen Kafka, wie er über den Altstädter Ring geht. Das Kopfsteinpflaster zeichnet sich wie ein Raster ab. Es muss Nachmittag sein, ein Nachmittag im Herbst. Genauer gesagt muss es Spätherbst sein. Das Licht ist scharf, und Wind scheint zu wehen, die Luft kristallklar. Der Altstädter Ring wie ein Foto, über das der Herr Doktor geht, so seine Anrede im Amt. Seine schlaksige Gestalt scheint im Wind zu wanken. Den Mantel hat er sorgfältig zugeknöpft, um den Brustkasten, genauer gesagt die anatomisch ordentlich unter dem Brustkasten sich befindenden Lungen zu schützen.

»Franz, knöpfe deinen Mantel zu«, hat ihm am Morgen Hermann hinterhergerufen, dessen Gedanken schon im Geschäft waren. Er ist unzufrieden mit den Gehilfen, schon unzufrieden, dabei ist er noch zu Hause. Wenn er dann eintreten wird, werden sie auf das Klingeln der kleinen Glocke über der Tür mit dem Gekicher aufhören, jedoch nicht wagen, ihn anzusehen. Schweigend werden sie die Flüche aufnehmen. Hinter Hermanns Worten, »Franz, knöpfe deinen Mantel zu«, lauern schon diese Flüche. Schwelen wie Glut. Jetzt spürt Franz, dass er seinen Mantel zu eng zugeknöpft hat. Er drückt ihn am Hals. Auch scheint der Wind nicht so stark, denkt er, wie am Morgen, als er ins Amt ging.

»Guten Morgen, Herr Doktor«, sagt der Portier und schlägt die Hacken zusammen, seine Uniform ist eng geknöpft, der Stoff spannt am Bauch. Der Portier der Versicherungsanstalt ist Tscheche, Kafka jedoch, aber nur Kafka, grüßt er aus Gefälligkeit auf deutsch. Franz antwortet auf tschechisch, ebenfalls aus Gefälligkeit. Da erkundigt sich der Portier auf tschechisch auch schon nach dem Befinden des Herrn Doktor. Franz nimmt der Frage mit einem Witz die Spitze, die wahrscheinlich nur er heraushört, warum nämlich der Herr Doktor, wenn er krank ist, wie er schon seit Jahren geruht zu behaupten und zuweilen für längere Zeit in Sanatorien zu fahren, von wo er immer eine schöne Postkarte mit Bergen ins Amt schickt und auf diesen auch den Portier erwähnt, warum er also nicht in Ruhestand trete. Diese unausgesprochene Frage klingt aus der Frage des Portiers heraus, denn er wisse doch wie alle im Amt, dass die Familie des Herrn Doktor auf sicheren existentiellen Füßen steht. Und insofern sich der Herr Doktor nicht mit Büroarbeit abmühen möchte, die seine unstete Gesundheit immer wieder auf die Probe stellt, garantiere dieser familiäre Hintergrund, da man doch gerade eine zu schönen Hoffnungen berechtigende Fabrik eröffnet habe, dieser Hintergrund also garantiere dem kränkelnden Herrn Doktor den entsprechenden Rahmen für die ruhige Kontemplation.

»Sie müssten sich schonen, Herr Doktor. Einen Schal umzubinden würde bei diesem miserablen Wetter nicht schaden«, fügt der Portier noch hinzu, und Franz spürt, dass der Portier vielleicht aus Unvorsichtigkeit, denn

Franz hat den von seinen Kollegen bestimmten zeitlichen Rahmen für eine Unterhaltung mit dem Portier überschritten, sich anzubiedern versucht. Da bemüht sich Franz, das Gespräch, das im Begriff ist, die definierte Ordnung des Büroverkehrs zu überschreiten, schnell zu beenden.

»Der Vater hat darauf bestanden, dass ich den Mantel anziehe und zuknöpfe. Dabei ist es meiner Ansicht nach noch gar nicht so kalt, dass es das Tragen der Pellerine rechtfertigen würde. Vor allem das Zuknöpfen bis zum Hals halte ich für meinen Teil noch für einen verfrühten und übereilten Schritt«, so knüpft Franz den Faden des Gesprächs. Ich für meinen Teil noch verfrüht und übereilt, was für eine spitzfindige Gewähltheit für so ein Gespräch, schreibt Franz am Abend in sein Tagebuch, ich kann keine Autorität wahren, und das liegt an meinem hochgeschossenen Körper. So einen pausbäckigen Typus mit Schnurrbart und Bierbauch verwirrt das sofort.

Der Portier vertreibt die Kunden der Versicherung immer auf tschechisch. Die sturen und hoffnungslosen Fälle pickt er mit einem kurzen Kreuzverhör heraus und lässt sie nicht durch. Mit dieser rätselhaften Fähigkeit hat er sich im Amt unentbehrlich gemacht. Seitdem verhätschelt ihn die Leitung, weil es für sie eine gewaltige Einsparung bedeutet. Ob der Portier auf deutsch lediglich grüßen kann oder ist es vorstellbar, dass er alles versteht, auch diese Möglichkeit kommt Franz in den Sinn. Warum sollte es nicht möglich sein, so wälzt er die Frage weiter. Darüber denkt er nach, während er vor ihm steht, unsicher abwägt, ob er weitergehen soll oder noch ein wenig hier stehen muss, den Portier auch schweigend seiner Solidarität versichernd. Vielleicht müsste er noch etwas sagen zu diesem Mann, der militärisch die Hacken vor ihm zusammenschlägt, in respektvoller Haltung der Demut, wovon Franz immer bange wird. Was würde ein anderer sagen in so einer Situation, fragt er sich und denkt vielleicht, dass er vergessen hat, bei den Kollegen zu schauen, wie die sich dann verhalten.

»Dieser Mantel steht dem Herrn Doktor gut, und er ist bei so einem Wetter ohne Zweifel sehr nützlich.«

Dieser Mann war offensichtlich beim Militär, vielleicht geht Franz so etwas durch den Kopf. Er hat so eine Art. Diese Männer sind gleich. Und ohnehin weiß Franz wohl, dass man solche Stellen, eine bequeme Stelle, eine Herrenstelle, so der Volksmund, bei der man tagtäglich mit den niederen Schichten verkehren muss, nur gegen einen Dienst bekommen kann. Man muss sie sich verdienen. Was bedeutet, dass man sich in den Dienst der Ungerechtigkeiten und der schonungslosen Maschinerie der bestehenden Ordnung stellen, auf die eigene Meinung und die eigenen Gefühle verzichten muss beziehungsweise auf das, was die Philosophen gern das Ich nennen. Jene Welt, deren Schlüssel das Ich ist, wird man niemals mehr öffnen dürfen, dachte Franz. Der Portier ist ein guter Mensch, notierte er am Abend in sein Tagebuch, diesen Satz hört er von den paar Klägern, die aufgrund eines Irrtums oder des Wankelmutes, möglicherweise der Bestechlichkeit des Portiers sehr selten in sein Büro heraufkommen. Der Portier ist ein guter Mensch, einer von uns, er kennt das Leben, sagen die, die der Portier zuvor schon oft abgewiesen hat, mit ruhiger, aber strenger Stimme. Seine Worte nehmen sie wie ein Urteil auf, mit gesenktem Kopf und schweigend betrachten die Witwen und die alten Väter, die ihre erwachsenen Kinder verloren haben, ihre Schuhspitzen. Der Portier kennt das Leben, er will uns nichts Böses, doch wir konnten uns nicht damit abfinden, sagen sie.

Franz hat Angst vor dem Portier, er möchte ihn schon loswerden. Auch der Portier spürt das, er versucht den Augenblick ein wenig in die Länge zu ziehen, um die Verlegenheit des Herrn Doktor weiter genießen zu können. An seinen Füßen die Stiefel sind wie immer, so auch jetzt makellos blank poliert. Sein Gürtel ist ebenso blank und glänzt schwarz. Und auch sein Gesicht glänzt im Sonnenlicht, das darauf fällt. Das Gesicht ist prall und pausbäckig wie ein Apfel. Auch der Apfel hat eine glänzende Schicht aus wachsartigem, fettigem, klebrigem Stoff. Franz möchte es lieber nicht berühren, er möchte dem Portier auch nicht die Hand geben, ihm graut vor dem Gedanken, den Handschuh ausziehen zu müssen. Wenn er diesem Menschen die Hand geben müsste, würde er sofort in sein Büro rennen, aus der vorbereiteten Kanne Wasser in die Handwaschschüssel gießen und die befeuchtete Haut lange und gründlich einseifen. Doch aus irgendeinem, auch ihm selbst unerklärlichen Grund möchte er ihn berühren. Der Ursprung der auf den Äpfeln und dem Portiersgesicht glänzenden Schicht begann ihn zu interessieren. Ob sie wirklich klebrig ist, fragte er sich. Doch er hätte nicht gewagt, ihn zu berühren. Ja, wenn er es richtig bedenkt, hat er in Wirklichkeit auch nicht gewagt, daran zu denken.

Der Portier hat zwar nie gesagt, auch nicht indirekt, dass er wisse, mit wem er es zu tun habe. Doch als er mit Franz deutsch gesprochen hat, als er die Begrüßung und die darauffolgenden paar Wendungen aussprach, sich nach seinem Befinden erkundigte, hat er immer etwas seltsam gefragt, wie auch jetzt, da Franz nun hier vor ihm steht, in seiner komischen, vogelartigen Körperhaltung, am Ende seiner baumlangen Gestalt den Kopf hängenlassend, nach vorn gebeugt lässt er den Kopf hin zum Portier hängen. Der Portier ist ein kleiner, gedrungener Mann, mit jener Art von Korpulenz, die bei Männern immer dann auftritt, wenn die Freuden des Tisches beziehungsweise die Freuden der Speisen die von Frauen bereiteten Freuden beziehungsweise die Freuden des Bettes fast vollständig vergessen lassen. Fleisch interessiert die Portiers dann nur noch in gekochter oder gebratener Form. Sie wünschen sich an den Tisch des Freundeskreises, auch die Unbequemlichkeit der auf- und zuklappbaren Sommerstühle in den Lokalitäten ertragen sie leichten Herzens, allein das schaumgekrönte Bierglas, die Freude des goldgelben Tranks, in perlende, zuvor in Eis gestellte Gläser gefüllt, zieht sie an. Unten am Schnurrbart haftet den ganzen Tag der Biergeruch, weiß sehen wir den erstarrten Schaum an den herabhängenden, zerzausten Härchen.

Franz erinnert sich an so ein Bild, er erinnert sich an ein

Bild der Erinnerung, als zu Ehren des Kaisergeburtstages die Bürozeit einen halben Tag dauerte und die Gesellschaft der Versicherungsbeamten in die nahe gelegene Schankwirtschaft ging. Franz wollte nicht mit, aber sein Sichsträuben begann verdächtig und unbehaglich zu werden, es musste wie Respektlosigkeit entweder dem Kaiser oder seinen Vorgesetzten gegenüber erscheinen.

Franz' Vater duldete Respektlosigkeit niemals, er revanchierte sich sofort. Anfangs mit Schlägen, später, als Franz größer und das Kurzehosenalter vom Langehosenalter abgelöst wurde, die mädchenhafte Stimme vom hallenden und verrutschend krähenden Stimmbruch und anstelle der glatten und weichen Haut die Huckel der widerlichen, ausgedrückten, aufgekratzten, nässenden Eiterbeulen auftauchten, die Nase länger wurde und der ganze Kopf irgendwie die Deformation einer neuerlichen Geburt ahnen ließ, von da an erhob der Vater, man weiß nicht, ob vielleicht aus Ekel, nicht mehr die Hand gegen ihn. Gewiss ist auch sein Vater so mit ihm verfahren, dachte Franz, denn er vermutete bei seinem Vater keinerlei Abweichung von dem, was dieser während seines Erwachsenwerdens erlebt hatte.

Als Franz schon ein erwachsener Mann war und seine Größe die des Vaters übertraf, erschien Hermann neben dem plötzlich sich streckenden Franz langsam älter und älter und mit der Zeit kleiner, überraschend war er wie ein einstiges Kinderspielzeug von Franz, so notierte dieser einmal in sein Tagebuch. Mein alter, verschlissener Bär, sagt Franz dann, wenn Hermann ganz wie dieser Bär an ihm vorbeiläuft, der Mantel staubig, und das Knirschen und Schlürfen der Schuhe machen auf dem Kopfsteinpflaster ein Geräusch wie das Rascheln des Strohs, mit dem der alte Teddybär gefüllt war. Und Franz hört, dass der Vater beim Gehen, wie ab einem gewissen Alter üblich, lange und gedehnt furzt. In dem Rhythmus, in dem er seinen Schwerpunkt bei jedem Schritt vom rechten Bein auf das linke verlagert, kurz ruht und dann zurück, vom linken auf das rechte, und eine Pause von ein paar Augenblicken dazwischen vergeht. Als spazierte eine Hupe durch die Altstadt, quer über den Wenzelsplatz. Manchmal ruht der Schwerpunkt des Körpers ein wenig länger auf dem einen Bein. Und dann entfährt nicht alles. Er wird ein wenig steif, Gase entfleuchen, die gegenüberliegende Schulter senkt sich. Der Körper des Vaters ist der eines alten Teddybären, den der Vater vor langer Zeit »Bubu« nannte, manchmal »meinen Sohn« und an Festtagen, während der Feiertage im Herbst »mein Kaddisch«. Nach mehreren Gläsern Wein. Vom Vater hat er den Teddy einst auch bekommen.

»Ich weiß nicht, wozu dieses Spielen mit Puppen gut ist, ein ordentliches Judenkind spielt nicht mit Puppen, es baut auch kein Bethlehem, aber deine Mutter hat gesagt, dass du dir das am meisten wünschst. Da hast du es«, sagte er und drückte ihm die mit einer bunten Schleife zugebundene Hutschachtel in die Hand, in die einer seiner Angestellten den altmodischen Teddybären eingepackt haben mochte.

Die Angelegenheit

Mein Name ist Franz Kafka, sagte er. Oder man nennt mich Franz Kafka, so korrigierte er sich sofort. Doch das ist für die *Angelegenheit* nicht von Belang. Ich möchte nicht näher darauf eingehen, warum man diesbezüglich einen Unterschied machen muss. Für Sie bedeutet mein Name einen Anwalt, der Ihre Angelegenheit erledigen wird. Ich vertrete Sie nicht, der Sie mit unserer Anstalt in einem Streitverhältnis stehen, und auch die Beurteilung Ihrer Angelegenheit obliegt mir nicht. Ich kann nichts dafür tun, dass Ihrer Angelegenheit eine vorteilhafte oder nachteilige Beurteilung zuteil wird. Sie sprechen jetzt nicht mit mir, sondern mit dem Anwalt, der die Angelegenheit unvoreingenommen, und glauben Sie mir, er bemüht sich, die wichtigen Umstände im Rahmen der Möglichkeiten und mit den von ihm abhängenden Mitteln am präzisesten denen offenzulegen, die in Ihrer Angelegenheit die Entscheidung fällen werden. Allerdings ist es viel schwerer, als Sie denken, von den Umständen jene auszuwählen, die für die Beurteilung der Angelegenheit wichtig sind. Wir können niemals wissen, welchen Umständen, die jetzt noch gering und unbedeutend scheinen, später derjenige oder diejenigen, die entscheiden werden, Bedeutung beimessen.

Ich erzähle Ihnen dazu eine Geschichte. Doch bevor ich anfange, möchte ich Sie darauf hinweisen, sehr aufmerksam zu sein. Das ist nicht Ihre Geschichte. Die Geschichte nämlich, wie das einst jemand, und hier machte er eine seltsame Handbewegung, mit der er gleichsam sehr, sehr weit hinter seinen Rücken zeigte, muss man so erzählen, dass man damit den Menschen hilft.

Mein lieber Sohn,

ich sage nicht, dass Vatersein schwer ist, denn jeder Vater
will einen Sohn hinterlassen. Ich vergesse nicht den Stolz,
den ich empfand, als Du geboren wurdest. Obwohl mein
Anteil daran gering war. Ich bedankte mich für Dich bei
Gott und rühmte mich mit Dir in der Synagoge. »Mein
Sohn ist geboren. Ein Sohn, der Erstgeborene. So muss
man das machen.« Da glaubte ich noch, ich sei tüchtig gewesen. Natürlich ist das ein Geschäft eins zu zwei. Sohn
oder Tochter. Man kann dabei nicht viel falsch machen.
Aber Du warst kein Mädchen, sondern ein Junge. Das
war doch was, also hatte ich in das Geschäft eingegriffen.
Ich hatte dafür immer ein gutes Händchen, so glaubte
ich lange. Und ich hatte keinen Zweifel daran, als Du geboren wurdest. Mir gelingt alles. Der Junge beweist, dass
Gott mich liebt. Er hat mir einen Jungen geschenkt. Für
uns Juden ist das, wie Du weißt, besonders wichtig. Doch
Du willst keinen Jungen, ich weiß. Denn das würde Dich
an mich erinnern. Auch mein Vater wollte einen Jungen,
um es in der Synagoge verkünden zu können. Hättest Du
einen Sohn, Du würdest Dich nicht mit ihm rühmen.
Schon gar nicht in der Synagoge. Du könntest mit ihm
nichts anfangen. Vielleicht ist es sogar gut, dass Dir kein
Sohn geboren wurde. Das wäre nicht gut gewesen. Auch
für Dich nicht. Für das Kind gewiss nicht.

Vatersein ist schwer, denn der Vater hat nicht wie die Mutter das Glück, den Sohn neun Monate lang unter dem Herzen zu tragen. Wenn auch ich die Gelegenheit dazu gehabt hätte, hätte ich, glaube ich, genug Zeit gehabt, mich daran zu gewöhnen, was für ein schwieriges Kind Du bist, vor allem als Junge. Denn der Junge erinnert den Vater am ehesten an den Tod. An den Weg, den er zurückgelegt hat. An das, was er nicht getan hat. Und an die Frauen, die er verlassen hat. Aber Du möchtest das nicht hören. Ich erinnere mich, wie Du beleidigt warst, als ich sagte, ein Mann müsse lernen, die Frauen zu verlassen. Zu betrügen. Auszunutzen. Und nicht zuzulassen, dass das Gewissen übermächtig wird, denn dann ist es aus. Die Tränen und die Verzweiflung der Frauen sind Theater, sind Mittel, mit denen sie die Männer in die Falle gehen lassen. Du, mein Sohn, hast mir einmal von dem Gesang der Sirenen erzählt. Ich habe nicht das Gymnasium besucht, ich weiß nichts von diesen Dingen. Aber verstanden habe ich, dass diese Sirenen in weiblichen Körpern wohnen.

In meiner Kindheit habe ich gesehen, wie die Kater die Jungen erwürgen, wenn sie sie finden. Die Katzenweibchen verstecken sie vor ihnen. Ich habe nie verstanden, warum sie, wenn die Mutter nicht da ist, nicht alle noch unreifen Jungen finden. Das liegt gewiss nicht an ihrem Geruchssinn. Es muss einen Grund geben, dass sie nicht alle töten. Vernichteten sie jedes männliche Katzenjunge noch im hilflosen Säuglingsalter, würde die Art aussterben. Irgendwie müssen sie das wissen, deshalb tun sie es nicht. Die Rabbinen haben dafür bestimmt eine Erklärung. Sie drehen und wenden die Sache, bis dabei irgendwie die Thora oder der Talmud herauskommt. Doch was hat unser Gott mit den unreifen Katzen zu schaffen? Na, egal. Dabei gibt es kaum ein so unappetitliches Tier. Und da sagen sie noch, es sei rein. Weil es eine Kuhle scharrt, wenn es kackt. Aber die Mutter lehrt den Jungen das Kacken, indem sie, nach dem Säugen, wenn es Zeit ist, den Kleinen den Hintern leckt, um sie zum Kacken zu bewegen. Sie kommen nicht von sich aus darauf, oder sie können nur so die Muskeln locker lassen, weil sie sonst zu stark drücken, wer weiß das schon. Pfui, eine unreine Art.

Dein Leben ist mein Tod, das sehe ich schon. Auch wenn Du sagst, dass Du meinetwegen nicht leben kannst. Dass ich Dir die Luft nehme. Dass ich so groß bin, ein so selbstsicherer, starker, gutgelaunter Mann, zu dem Du werden musst, damit ich zufrieden mit Dir sein kann. Doch da Du niemals so werden würdest, könnte ich keinerlei Freude an Dir haben. Und da Du niemals der werden könntest, der Du werden müsstest, sei Dein ganzes Leben sinnlos. Für all das machst Du mich verantwortlich. Dabei schmarotzt Du bei mir, in Deinen Schriften geht es auch um mich. Ohne mich könntest Du über nichts schreiben, was Dir, wie Du sagst, das Wichtigste ist.

Da ich es nicht wie die Kater gemacht und Dich totgeschlagen habe, als Du klein warst, kann ich Dir nicht mehr schaden. Ich glaube, allein Du kannst mir noch schaden, indem Du mir für all Dein Scheitern die Schuld gibst. Und schließlich, indem Du mich auf meine alten Tage allein lässt und meine Schande vollkommen machst dadurch, dass ich für Dich das Kaddisch werde sprechen müssen und nicht umgekehrt. Deshalb kann ich Dich nur um Erbarmen bitten, schon längst habe ich bei Dir all meine Autorität verloren, und seitdem Du ebenfalls ein erwachsener Mann bist, sehe ich auch gar keinen Unterschied.

Der Beamte

»Auf den ersten Blick sehe ich aus wie ein Beamter«, sagt Kafka zu dem jungen Mann, dann verbessert er sich sogleich. »Auf den ersten Blick sieht man mich als einen Beamten«, so formuliert er den Satz um, dabei knöpfen Beamte den Mantel zu, so ergänzt er am Abend in seinem Tagebuch, ihre Taille wird von einem Hosengürtel straff gezogen, und ohne Ärmelschoner und Ärmelflicken können sie nicht existieren, denn echte Beamte sind ohne diese Dinge nicht vorstellbar. Der natürliche Numerus der Beamten ist der Plural, so ist das Wort allgemein gebräuchlich, im Singular ist es so einsam und ungewöhnlich. Wir sind eine stramme und geschlossene Klasse, die Reservedivision der bürgerlichen Gesellschaft, so fügt er im Zeichen des korrekten fachlichen Blickfangs noch hinzu. Der militante Geist ist der Geist des Patriotismus, wiederholt er die viel bemühte Parole seines Vorgesetzten, die er, Kafka, nicht teilt, weder das Militante noch das Patriotische passen zu ihm, mit der Wiederholung des Satzes macht er sich selbst darauf aufmerksam. »Im Amt ist das *Ich* eine zu vermeidende sprachliche Form, da sie in der Amtssprache als unverzeihlicher stilistischer Fehler gilt. Das *Ich* ist wie die Handlung und die Existenz berufen, einer nicht vorhandenen grammatischen Zeit zu dienen.«

»Herr Kafka«, sagte kürzlich der Amtsleiter zu ihm und ließ die zwei R in Herr mit Wonne krachen. »Also Herr Kafka«, so nahm er Anlauf für die Anrede und wiederholte das gehasste Doppel-R, demonstrativ und warnend verwendete er »Herr« statt »pan«, um mit spöttischem Nachdruck zu zeigen, dass Sie, also ich, so der Beamte am Abend in seinem Tagebuch, nicht zu denen gehört, die der neue Geist, der neue Staat, die neue Nation mit Freude sieht. »Herr Kafka kann mit den Klienten nicht in der ersten Person Singular sprechen, also ›ich denke‹, ›meiner Meinung nach‹ und ähnliche unpräzise Nachlässigkeiten. Die präzise Form ist die erste Person Plural oder der Gebrauch des allgemeinen Subjekts, das Subjekt ist ›wir‹ oder ›das Amt‹. Und die *Ich-Form* ist bitte schön für immer zu vergessen. Die gibt es nicht, hat es nie gegeben, diese Sitten haben nicht existiert, vielleicht haben sich das die Personen, die das Prager Deutsch als Dialekt benutzen«, so streute er diskret die vornehme Judenhetze ein, »während der unseligen Monarchie-Schlampigkeit erlauben können«, hier machte er eine Wirkungspause und holte tief Luft. »Vielleicht«, fuhr er fort, »hat Herr Kafka so etwas gehört oder geschrieben gesehen, aber hier weht schon ein anderer Wind. Wem das nicht gefällt, dem missfällt es«, so beendete er seine Ansprache mit einem Stilbruch, falls ihm das »missfällt«, der darin verborgene Germanismus, überhaupt aufgefallen ist, murmelt er bei sich, während er sich an die Situation Wochen zuvor erinnert. »Da huscht dem Mann ein bitteres Lächeln übers Gesicht, wir geben unsere Körper im Zeichen von Eintrag und Übertrag an unsere Söhne weiter, die ebenfalls Beamte werden, im Dienste des Vaterlandes und des Gemeinwohls. Das Lächeln umspielt seine Lippen, die er fest zusammenpresst, und der dazwischen entstehende Verschluss ist wie der Strich einer Klinge, so stark presst er die Lippen zusammen, wegen einer inneren Anspannung, die ebenso das Zeichen körperlichen Schmerzes wie auch seelischer Unruhe sein kann. Präzision und Verlässlichkeit sind die höchsten Werte der Beamten, und dass sie keine Fragen stellen, sondern die Aufgabe erfüllen«, murmelt er noch, während der Wind unberechenbar an seinem auch als Ferkelfänger verspotteten Mantel reißt und zerrt, den neben der Beamtenschaft noch die Postboten und Eisenbahner tragen. In der Monarchie trugen die Postboten, Eisenbahner und Beamten der ganzen Monarchie solche Pelerinen, Überzieher, Ferkelfänger, so erinnert er sich an seine Jugend, doch in den Nachfolgestaaten zeigte sich auch weiterhin Bedarf nach übriggebliebenen Stücken aus der früheren Versorgung, und da Nachschub nicht mehr zu erhoffen war, trug man dieses Kleidungsstück mit gesteigerter Achtsamkeit und Umsicht. Er hat es am Morgen angezogen, als ihn der Vater darauf aufmerksam machte, es wird heute windig sein, zieh deinen Ferkelfänger an. Er hat der Aufforderung des Vaters nur ungern Genüge getan, der ihn auch weiterhin behandelt, als wäre er ein Kind, auf das man ständig ein Auge haben muss. Deshalb hat er den Mantel zwar angezogen, aber starrköpfig nicht zugeknöpft. Sooft er ihn auf dem Kleiderständer im Büro angesehen hat, war unausgesprochen immer auch der Blick des Vaters da, als hätte der Mantel ihn aufgesogen und würde ihn nun ausstrahlen. Dies hinderte ihn daran, dass er am Nachmittag, als er ganz genau 5 Uhr und 00 Minuten aus dem Amtsgebäude trat und dem in der Portiersloge stehenden Portier, der, Monarchie hin oder her, auch weiterhin eine halbmilitärische Person war, zunickte. Dies zur Kenntnis nehmend hob der Portier die Hand an seinen Tschako und salutierte schwungvoll wie ein alter Soldat. Der aus der benachbarten Straße wehende Wind stieß ihm in die Brust, trotz der Kälte knöpfte er die Pelerine nicht zu, womit er sich gegen die Kälte hätte schützen können. Auf den kühlen und windigen Straßen schwebte die ganze Zeit dieser schwarze Stoff neben ihm, und als er zu den Häusern auf dem Großen Ring kam, war es, wie er da wankte und seine Schritte wegen der Windstöße manchmal beschleunigend, dann wieder müde verlangsamend setzte, als flögen große und am Boden ungeschickte Vögel herab, die versuchten, die großen Flügel vorsichtig zu schließen und wankend das Gleichgewicht und den geeigneten Rhythmus des Gehens zu finden.

Er ist allein, versuchte sich nach vorne gebeugt gegen den Wind zu lehnen, der so stark ist, dass er das leichte, schwebende Gewicht seines Körpers halten kann. Jeden Abend schreibt er Tagebuch, das natürlich bemerken diejenigen nicht, die ihm begegneten auf den in spätherbstliche Windböen gehüllten Straßen, durch die er bei seinem abendlichen Spaziergang ruhelos ging. Wir sehen eine sonderbare, weil grotesk hochgeschossene, dünne Gestalt die Zeltnergasse, neuerdings Celetná, entlanglaufen. Manchmal fährt der Wind in die Flügel des Übergangsmantels aus Flanell und hebt sie hoch. Dann versucht der Mann, die wie schwebende Flügel schlagenden, flatternden Kleiderflügel mit den Armen nach unten zu drücken. Doch er knöpft den Mantel nicht zu, drückt heftig seinen Spazierstock und hält mit der anderen Hand die Ledertasche der Beamten vor sich, gleichsam als Schutz gegen Wind und Passanten. So schlage ich mich über den Platz, als müsste ich einen erbitterten Kampf gegen die rauhen Kräfte der Natur führen. Während ich weiß, dass im Gebäude gegenüber der residiert, zu dessen Schutz all diese Mächte dienen, um meine Ankunft zu verhindern. Dort steht ein mächtiger Zauberer, der den Winden befiehlt, und diese Mächte helfen, das Haus zu schützen. Dort steht mein Vater und kommandiert die Elemente. In meine Augen befiehlt er durch seine Diener Schneeflocken, der Sturm ist sofort da, um die messerscharfen Eisfunken nicht nur in die Öffnung meiner Augen zu werfen, er greift auch in die Öffnungen meines Mantels, damit mir die Lunge versagt, die mich auch so schon nur schwer tragen kann. Mit meinen Seelenaugen sehe ich meinen Vater im zweiten Stock stehen.

»Ich weiß, dass mein Vater dann schon vor dem Fenster steht, den Platz beobachtet, die westliche … Ecke des Großen Rings, wo er mein Auftauchen erwarten kann, schreibt er am Abend in sein Tagebuch, er ist dann voller Sorge und Ungeduld wie immer im Zusammenhang mit mir, sagt er zu Milena, als sie anderntags zusammen spazierengehen.

Dann also liebt er Sie, wirft Milena ein.

Ja, ohne Zweifel, das heißt auf seine Art. Das allerdings weiß ich, dass er mich beobachtet und diese Beobachtung mich

<Text bricht ab>

Mein lieber Sohn,

das ist mein letzter Brief, den Du schon nicht mehr erhalten kannst, den ich Dir schreibe, doch den nur ich lesen werde. Ich ahnte bereits vor ein paar Jahren, dass es so enden würde, doch ich hoffte, nicht ich würde an Deinem Grab stehen, sondern umgekehrt. Wenn ich es recht bedenke, ahnte ich es immer. Vielleicht schon seit dem Tag, als Deine Brüder Georg und Hermann starben. Zweimal stand ich an einem kleinen Sarg, mit Dir gemeinsam, wenn Du Dich erinnerst, zweimal musste ich das Kaddisch sprechen, von dem Du kein Wort verstandest und auch ich nur wenige. Doch ich verstand, dass die Existenz des Allmächtigen die einzige Sicherheit ist und im Vergleich dazu alles nur Geschwätz. Wörter, die nie meine Sache waren. Ich habe nicht mit Wörtern gehandelt, wie Du es getan hast, nur mit Hilfe von Wörtern. Ich habe mich nicht gefreut über Deine Leidenschaft, das Schreiben, dass Du mit Wörtern spielst, die dem Wesen gehören, das mir Deine Brüder und schließlich auch Dich genommen hat. Es ist mir nicht vergönnt, dass meine Söhne an meinem Sarg stehen und nicht ich an ihrem. Ich hatte immer Angst, ein Fluch läge auf Dir. Du hast mich immer gequält mit der Ahnung, Du seist verflucht. Heute weiß ich, der Fluch liegt auf mir. Und auf Deiner Mutter. Und es gibt keine bitterere Ernüchterung. Amen.

Anhang

Kommentare

Szilárd Borbély hatte den Text von *Kafkas Sohn* zur Veröffentlichung vorgesehen, konnte aber die Schlussredaktion nicht mehr vornehmen. Es wäre uns anmaßend vorgekommen, diesen fehlenden Arbeitsschritt unsererseits nachzuholen. Stattdessen haben wir den Text dort kommentiert, wo beim Lesen aufgrund von offensichtlich ungewollten Satzbrüchen Irritationen entstehen. Die häufigen Tempuswechsel wurden mitvollzogen; nur dort, wo sich daraus Verständnisschwierigkeiten ergeben, wird eigens darauf hingewiesen. Auch die uneinheitliche Kennzeichnung der wörtlichen Rede wurde nicht verändert.

S. 9 *Omain*   Aussprache von Amen im askenasischen Judentum

S. 20 *Stets wussten wir*   die folgenden beiden Sätze unverständlich

S. 21 *neben den Bleilöffel*   oben »in den Bleilöffel«

S. 28 *Das Vor- oder Nachwort*   Satz wird nicht fortgeführt.

S. 29 *das Buch von Anselm Kafka*   Borbély schreibt durchgehend Anselm, eine mögliche Transkription oder

Schreibweise des Namens Amschel / Anschel / Amsel / Anselm. Die hebräische Inschrift auf Kafkas Grab lautet Anschel. Kafka notierte am 25. Dezember 1911 in sein Tagebuch: »Ich heiße hebräisch Amschel, wie der Großvater meiner Mutter von der Mutterseite [...].« Franz Kafka: *Tagebücher 1910-1923*. Herausgegeben von Max Brod. Frankfurt am Main: Fischer Taschenbuch Verlag 1973, S. 133

S. 30 »*Zum Schiff*« Das Haus »Zum Schiff« und andere Lokalitäten hat der Autor nachweislich aus Klaus Wagenbachs Band *Kafkas Prag. Ein Reiselesebuch*. Berlin 1993, mehrere erweiterte und veränderte Auflagen, zuletzt 2015. Hier: S. 42 – *Niklasstraße Ecke xxx* Vermutlich wollte Borbély die Straße noch ergänzen. Nach der Karte bei Wagenbach müsste es der Dvořák Quai sein. – *aus dem Kafka heraustrat* in den folgenden Sätzen bei Borbély Wechsel von Präsens und Präteritum; die nicht nur inhaltliche, sondern fast wörtliche Wiederholung der Sätze hätte B. bei einer Überarbeitung vermutlich geändert. – *Das an der* Auch der für sich stehende Relativsatz spricht für die Unbearbeitheit des Textes.

S. 32 *den jungen Franz Joseph* Hier wird der Satz nicht fortgeführt – *Neugebäude* im Original deutsch – »*Himmel und Hölle ...*« Der Fluch ist nicht von Batthyány und fiel auch nicht bei der Hinrichtung, sondern Batthyánys Frau, Gräfin Julia, richtete ihn gegen den erst 19jährigen Franz Joseph I., nachdem er eine Begnadigung Batthyánys abgelehnt hatte.

S. 34 *Rudolf-Anlagen* vgl. Wagenbach, S. 96

S. 37 *Ziegenhaufenstraße, Ziegenleichenstraße* im Original deutsch; Borbély schreibt »Ziegenleinchenstraße«. Der Kontext legt nahe, dass es »Ziegenleichenstraße« heißen sollte.

S. 40 *anlegen muss.* Satz unvollendet

S. 53 *Doch da für Felice ihre Büroarbeit* Der Nebensatz wird nicht fortgeführt. – *Lingenström & Co.* Felice Bauer arbeitete bei der Carl Lindström AG (siehe Hans-Gerd Koch: *Kafka in Berlin. Eine historische Stadtreise.* Berlin 2008, S. 40).

S. 63 *Ecke Josephplatz* Die richtige Schreibweise lautet »Josefsplatz«. Das Haus »Zum Schiff« liegt nicht am Josefsplatz, wie es hier und im Folgenden heißt, sondern am Johannesplatz.

S. 64 *Blender und Geblendete. %%* Warum diese Zeichen im Text auftauchen, konnte nicht geklärt werden.

S. 65 *Vor allem da es sich* Tempuswechsel

S. 70 *Pilpul* in der jüdischen Tradition Verfahren des Talmudstudiums

S. 74 *bei Ertönen des Schiffshorns* unklare Satzstruktur

S. 77 *Infolgedessen bedeutete mein Erscheinen*   Aus dem Brief an Felice vom 27. Oktober 1912. Zitiert nach Franz Kafka: *Briefe an Felice und andere Korrespondenz aus der Verlobungszeit.* Herausgegeben von Erich Heller und Jürgen Born. Frankfurt am Main: Fischer Taschenbuch Verlag 1976, S. 56. Unklar ist, was das Zitat mit dem vorangegangenen Text »Kafka am Fenster« zu tun hat. Im Ms. folgt das Briefzitat auf einer neuen Seite, ohne Überschrift. Möglicherweise hat B. den Brief an dieser Stelle hineinkopiert, um später etwas damit zu machen.

S. 89 *Das im Blitzlicht entstandene Foto*   Aus dem Brief an Felice vom 3. Dezember 1912, geschrieben in der Nacht vom 2. auf den 3. Dezember (a. a. O.; S. 150). Das Foto in Borbélys Ms. entstand allerdings bereits 1906, also nicht, wie im Brief erwähnt, zwei, drei Jahre früher, mit dem im Brief beschriebenen Bild kann also schwerlich das abgebildete Foto gemeint sein. Die Hg. der *Briefe an Felice* vermuten, dass es sich um das Bild in Klaus Wagenbachs *Franz Kafka. In Selbstzeugnissen und Bilddokumenten,* rowohlts monographien Bd. 91, Reinbek b. Hamburg 1964, S. 57 handelt.

S. 98 *Als er sich einmal vertrauensselig*   Der Satz wird nicht fortgeführt. – *der sie … betrogen hatte*   Satzstück, dessen Sinn sich nicht recht erschließt, sind es doch die falschen Bettler, die den sich Entfernenden betrogen haben.

S. 101 *denn der vornehme Mann*   Satz wird nicht fortgeführt. – *der auf die zunächst spottenden*   Relativsatz endet im Ungarischen nicht bzw. endet nicht als Relativsatz.

S. 117 *Ein trüber Tag*   im Text stattdessen Spiel von Sonne und Schatten; siehe auch Anm. zu »Furzen« – *Großer Ring* sonst Altstädter Ring

S. 120 *Er ging in seine neueste Wohnung*   Satz mit ähnlicher Aussage wie der vorangegangene. Vermutlich hat Borbély umformuliert und bewusst beide stehen lassen (für die spätere Bearbeitung) oder vergessen, einen zu streichen.

S. 121 *Auf der Niklasstraße*   Hauptsatz wird nicht fortgeführt.

S. 122 *die die Slawen Mütterchen nennen, die*   Es folgen zwei Relativsätze mit nahezu gleicher Aussage. – *dass die unlösbaren Widersprüche.*   Satz nicht zu Ende geführt

S. 123 *und mir noch nicht einmal*   syntaktische Inkongruenz

S. 124 *Im Sonnenschein, den [die / das]*   Hinter Sonnenschein im Manuskript ein Leerzeichen, da scheint etwas gestanden zu haben, das gelöscht wurde, oder es sollte noch etwas ergänzt werden; außerdem fehlt der Bezug des Relativsatzes. Dementsprechend muss, da das Ungarische kein grammatisches Geschlecht kennt, das Geschlecht des Relativpronomens offenbleiben.

S. 139 »*Anlaufstraße für Selbstmörder*« Zitat aus Wagenbach, *Kafkas Prag*, S. 42. Laut Wagenbach nannte Kafka selbst die Brücke so. – *für die nach Holzmehl schmeckenden Jurabücher* Zitat Kafka: »Ich studierte also Jus. Das bedeutete, dass ich mich in den paar Monaten vor den Prüfungen unter reichlicher Mitnahme der Nerven geistig förmlich von Holzmehl nährte, das mir überdies schon von tausenden Mäulern vorgekaut war.« (Franz Kafka: *Nachgelassene Schriften und Fragmente* II. Kritische Ausgabe. Frankfurt am Main: Fischer Taschenbuch Verlag 2002, S. 198; zitiert auch bei Wagenbach, *Kafkas Prag*, S. 22)

S. 143 *Handleh* jiddisch für Hausierer, Trödler

S. 152 *mit denen er sein … Leben* Der Satzsinn ist nicht klar, im Ungarischen steht auch noch ein »életben maradása« (sein Überleben), das nirgendwo untergebracht werden kann.

S. 161 *Das Furzen* die ersten beiden Absätze so gut wie wortgleich mit »Ein trüber Tag«

S. 162 *bei diesem miserablen Wetter* oben »scharfes Licht«, »kristallklare Luft«, auch unten »Sonnenlicht«

S. 169 *der die Angelegenheit*   Prädikat des Relativsatzes fehlt.

S. 170 *wie das einst jemand*   Nebensatz wird nicht fortgeführt.

S. 171 *eins zu zwei*   vermutlich: eins zu eins

S. 176 *Germanismus*   Germanismus im Ungarischen (untetszik), nicht im Tschechischen

S. 178 *dass er am Nachmittag*   Satz wird nicht fortgeführt.

»Eine Verlorenheit, die ich kannte« – Zu Szilárd Borbélys Kafka-Fragment

von Heike Flemming

Szilárd Borbély begegnete der Welt Franz Kafkas zum ersten Mal in dem Romanfragment *Der Prozeß*, auf das er als Jugendlicher stieß. Ähnlich wie in der Szene »Kafka im Badezimmer« schildert er diese Begegnung in einem Interview aus dem Jahr 2004.

»Kafka ist die große Lektüreerinnerung meiner Jugend. *Der Prozeß* fiel mir genau zu dem Zeitpunkt in die Hände, als ich viel darüber nachdachte, was mir der Glaube und religiöse Wahrheiten bedeuten. Ich erinnere mich deutlich, dass ich an einem Samstag zu Hause putzen musste, und beim Aufräumen entdeckte ich das Buch, das ich in den Tagen zuvor aus der Bibliothek ausgeliehen hatte. Ich begann zu lesen und konnte nicht aufhören. Ich las es, auf einem Schemel kauernd, sehr schnell durch. Es war ein starkes, erschütterndes Erlebnis. Die Heimatlosigkeit, Verlorenheit darin, die ich so gut kannte, riss mich mit sich fort. Die Sehnsucht nach Gewissheit, das Ausgeliefertsein, die Schutzlosigkeit und Nacktheit des verachteten und erniedrigten Menschen erheben in diesem Roman auf fast schon schamlose Weise die Stimme. Kafkas Judentum wird für ihn zu einer profanen religiösen

Frage; es birgt von vornherein das Todesurteil in sich – nur ist er schneller gestorben, als dass man es an ihm hätte vollstrecken können. Kafka hat dies, die in seinem Judentum liegende Heimatlosigkeit, zum Gegenstand einer Meditation gemacht und gleichzeitig zu einer Parabel überhöht, ganz wie in einer chassidischen Geschichte. Indem Kafkas Parabel über das Ausgeliefertsein und die Erniedrigung die gemeinsame Sprache der Literatur benutzt und nicht die trennende Sprache der Religion, scheint in der Figur des Josef K. das jüdische Schicksal auf, wie es in der Tiefe des Christentums verborgen ist. Und umgekehrt. Das mag es gewesen sein, was mich bei der Lektüre des *Prozesses* so sehr erschütterte, weil es mir unsäglich, wirklich unsäglich bekannt war. Es war ein so starkes Erlebnis, dass man es nicht erzählen kann.«[1]

Es blieb nicht bei der lesenden Auseinandersetzung mit Kafka. In dem Gedichtband *Berlin Hamlet* aus dem Jahr 2003 zitierte Borbély unter anderem Kafkas *Briefe an Felice*.

»Auch in der Beziehung von Kafka und Felice Bauer spürte ich diesen Schmerz, der alles im Leben in Frage stellt und einem alles im Leben vergällt. Das Schicksal, von dem man sich schwer und vielleicht nur durch den

---

1 Szymanowska, Lucie, Kiss Szemán, Róbert: *Az igazi nevem nem ismerem* [Meinen richtigen Namen kenne ich nicht]. In: Borbély, Szilárd: *Egy gyilkosság mellékszálai* [Nebenstränge eines Mordes]. Budapest: Vigilia 2008, S. 86-102, hier S. 87

Tod befreien kann. Mit dem zu leben man dennoch lernen muss, was wir seitdem auch lernen, jede Generation wieder, doch leben wir unter Zweifeln, weil wir nicht wissen, ob uns das in der Zeit sich verkörpernde Leiden zu Gott führt. – Kafka sagte dir damals, dass die Hoffnung, wenn es diese Hoffnung auf eine Auflösung des Konflikts zwischen persönlicher Existenz und Tod gibt, dort zu finden sei, wo das persönliche Schicksal an seinen Tiefpunkt kommt? – Ja, etwas in der Art. Dass es im Leben eine tiefe und unlösbare Tragödie gibt, die deshalb schon nicht mehr als Tragödie gilt. Dass es keine Katharsis gibt. Kafka verehrte Kierkegaard sehr, und im Leben des dänischen Denkers gab es eine tiefe Verzweiflung. Diese Verzweiflung war eigentlich enigmatisch, nicht persönlich. Kierkegaard war eigentlich Theologe. Seine Philosophie ist die verstörende große Krise des christlichen Denkens, des modernen Christentums, noch mehr des Protestantismus, der das Christentum erneuern wollte. Ich denke, dass damals zum ersten Mal eine große und kaum zu ermessende Furcht die Stimme erhob: der christliche Zweifel am Erlösungsglauben. Kafka spricht für mich von der Tragödie, die im jüdischen Schicksal liegt und die es mit dem Christentum gemein hat, von dem Tiefpunkt, an dem wir uns kulturell und religiös befinden. Worauf Kertész immer mit ungefähr den Worten hinweist, dass das metaphysische Auschwitz längst stattfindet. Als die Nazis die Konzentrationslager einrichteten, hatte der europäische Geist längst jene Welt erschaffen, in der Auschwitz möglich wurde. Und auch wenn es vielen anstößig erscheinen mag, so ergibt sich aus diesem Gedanken doch auch die hartnäckige Konsequenz, dass mit der Schließung der Lager Auschwitz nicht zu Ende ist. Wir leben seitdem darin, nur scheint uns das schon normal.«[2]

Den Plan zu einem Kafka-Buch hatte Szilárd Borbély schon lange. Als ich mich 2008 mit *Berlin Hamlet* beschäftigte, schenkte ich Szilárd den bei Wagenbach erschienenen Band *Kafka in Berlin* von Hans-Gerd Koch, der Kafkas Beziehung zur Stadt und zu Felice näher beleuchtet. Er bedankte sich mit den Worten: »Ich habe mich sehr darüber gefreut. Mit Kafka habe ich noch etwas vor, und das Buch passt genau in diese Pläne.« Ich vermute, mit diesen Plänen meinte er das vorliegende Roman-Fragment *Kafkas Sohn*. Dafür verwendete er auch den ebenfalls bei Wagenbach erschienenen und vom Verleger selbst verfassten Band über Kafka mit dem Titel *Kafkas Prag*. Borbély griff Stichworte heraus, benutzte sie in den einzelnen Kapiteln (zum Beispiel »die Anlaufstraße für Selbstmörder« in »Erinnerung einer Nähe«) oder baute daraus ganze Szenen (zum Beispiel »Kafkas Fahrrad«). Daneben spielten auch hier die *Briefe an Felice* wieder eine Rolle, indem Borbély sie in seinem Arbeitsentwurf wörtlich zitierte (»Kafka am Fenster«) oder fiktiv imaginierte (»Kafka und Palästina«). Doch letztlich lässt sich nur erahnen, wie Borbélys Kafka-Roman ausgesehen hätte.

2 Ebd., S. 87-88

Sein Interesse an Kafka ging sehr weit, fast bis zur Identifikation. Das Schreiben in den Nachtstunden, weil man tagsüber in einem Brotberuf arbeitet. Das Schreiben als manisch betriebene Tätigkeit, um der Umwelt, der Welt zu begegnen. Der entfremdete Blick auf sich und den eigenen Körper. Der jüdische Großvater, den man nicht kennt. Der Vater, der nicht jüdisch sein will, bzw. das »offene Geheimnis«, dass der Vater der Sohn eines jüdischen Großvaters ist. Das zeitweilig starke Interesse an den »jüdischen Dingen«. Dieses Interesse, die große Empathie für das Schicksal des Judentums und der ungarischen Juden, die in vielen von Borbélys Texten zum Ausdruck kommt, ist ihm in Ungarn oft zum Vorwurf gemacht worden.

Die Übersetzung des Fragments gewährte uns einen seltenen Einblick in die Werkstatt des Autors. Wie er Motive auswählt, daraus Szenen entwirft, sich ein Textgerüst baut. Die Übersetzungsarbeit gestaltete sich anders als üblicherweise, denn wir mussten der Neigung widerstehen, den Unstimmigkeiten einen Sinn geben zu wollen, d.h., wir mussten auch dem offensichtlich Sinnlosen vertrauen. Und gleichzeitig jedes Wort, jeden Satz skeptisch prüfen. Stimmen die historischen Daten? Handelt es sich bei einer Stelle um ein Zitat? Vieles bleibt offen. Zum Beispiel Auswahl und Anordnung der Episoden und Motive. Und auf welche Weise Kafkas Geschichte und die des Erzählers sich verbinden. Einige Zitate und Quellen konnten wir auch dank der Hilfe von Ágnes Mészáros,

Szilárd Borbélys Witwe, recherchieren. Mit Sicherheit verwendete Szilárd eine ungarische Auswahl von Kafkas Briefen und Tagebüchern (Kafka, Franz: *Naplók, levelek*; übersetzt von Miklós Györffy, László Antal, István Eörsi, Dezső Tandori, Európa, Budapest 1981) und den erwähnten von Klaus Wagenbach verfassten Band *Kafkas Prag. Ein Reiselesebuch.*

Seinem ungarischen Verleger kündigte Szilárd Borbély im Herbst 2013 einen quasi fertigen Roman an, den er im Januar, allerspätestens Februar 2014 zu schicken versprach.[3] Auch diese Aussage bleibt ein Rätsel. Am 19. Februar 2014 nahm sich Szilárd Borbély das Leben.

*

3 Mészáros, Sándor: *Kafka fia [Kafkas Sohn].* In: *Kalligram* XXIII/4 (April 2014)

Auf der Suche nach einem Glauben

von Lacy Kornitzer

Wir würden gern mehr wissen. Unter anderem, ob Szilárd Borbély je in Prag war und die hier beschriebene Gegend abgeschritten hat. Wie er über Kafka dachte, was ihm die Lektüre seiner Bücher bedeutete, wo er Parallelen zur eigenen Existenz sah – über das hinaus, was in dem vorliegenden Buch sichtbar geworden ist: die leise Dringlichkeit, der Tonfall, die schlichte Präsenz der Sätze, ihr Timbre, ihre Aura. Borbély umkreist sein Thema, zerstreut einzelne Geschichten und deren Chronologie, er fängt immer wieder von vorne an, wiederholt und variiert seine Motive. Ähnliche Textbewegungen waren auch für Kafkas Schreiben charakteristisch, in den Romanen und in vielen der wichtigsten Erzählungen; bestimmte Motive bilden eine Art Netz, über das gesamte Werk geworfen. Eines der wichtigsten Wiederholungsmotive ist die »Türe«, durch die man hindurchwill wie in *Vor dem Gesetz*, der sogenannten Türhütergeschichte, und keinen Einlass erhält. An der Tür beginnt das Unheil und setzt sich bis zum Lebensende fort. Ein Motiv, das Borbély in der Erzählung *Die Reise nach Leitmeritz* aufnimmt, umkehrt, zur Komik, ja zum Slapstick steigert: Der Protagonist malt, um seine Verfolger abzuschütteln, rasch ein Schloss auf eine Tür, durch die er gerade hindurchgegangen ist, und verschafft sich so einen Vorsprung, da sich ja die Attrappe nicht öffnen lässt.

Komik und Slapstick bilden wichtige Elemente in Kafkas Werk. Der Kaiser liegt im Sterben und will eine Botschaft in die Welt hinausschicken. *Eine* – wahrhaft – *kaiserliche Botschaft* – sie kommt nirgends an. Die berühmte Erzählung Kafkas schreibt Borbély mit der Menschheitserfahrung nach Auschwitz in *Der Sprachfriedhof* fort. Auf dem jüdischen Friedhof liegen überall nur Steine, die eingemeißelten Zeichen sind Buchstaben. Wer sie nicht lesen kann, hört nur die Tonfolge, die fremde Melodie. Hier ist »der Buchstabe der Friedhof der Wörter, die in den Stein gemeißelten Zeichen bedeuten die Toten. Die Sprache ist ein Friedhof, der sich die Toten einverleibt. Nichts führt von hier heraus. Dieser Stein ist für dich, sagt der Grabstein, hier drin sind die Zeichen.« Auch hier, Stein geworden, lässt sich das innere Wissen nicht nach außen kehren, und doch weiß jeder, wovon die Rede ist. Die Episoden, Gleichnisse, die kleine Form der Moderne dient der poetischen Erprobung fremder Empfindungs- und Wahrnehmungshorizonte, setzt auf die Aussagekraft des scheinbar nebensächlichen Details.

Borbély folgt Kafkas Poetik einer Kleinen Literatur, auch bei ihm treten Handlungsweisen, Launen von teilweise mediokren Kreaturen in den Vordergrund wie etwa in »Kafka und die Buchstaben«. En miniature wird eine Ethik transportiert, die die Bindung des Menschen an das Kreatürliche, Triebhafte zeigt. Die Darstellung des traumartigen inneren Lebens ist vielleicht die wichtigste

Komponente in Kafkas Schaffen. Wie seine Traum-Protagonisten gehen und sehen, wie sie Räume durchqueren, ins Bild kommen und wieder abtreten, zeugt von der Funktion der Visualität, davon, dass nicht weniger als im Wachen das Sehen im Traum die Unterscheidung von Sichtbarem und Unsichtbarem kennt. In der Episode »Kafka und die Blinden« sucht und findet Borbély hierzu die tragikomisch-witzige Paraphrase angesichts der Prager Blindenanstalt mit den vielen Fenstern, an denen die Blinden stehen und zur Straße hinausschauen. Umkehrung, Fortschreibung, Neufindung.

Zu Kafkas Zeit war Prag eine westliche Stadt. Borbély ist das Kind einer anderen Zeit in einer gänzlich anderen Hemisphäre. In seinem vielbeachteten Buch *Die Mittellosen*, dem wahrscheinlich wichtigsten Buch der letzten Jahre aus Ungarn, spielen ebenfalls kleine Leute die Hauptrolle, und auch der Traum gerät in den Mittelpunkt, abermals in einer Umkehrung: das Träumen, der Traum wird den Kindern im Alter von zwei oder drei Jahren auf unvorstellbar grausame Art von den Eltern und Nachbarn ausgetrieben. Traumloses Osteuropa.

Laut Imre Kertész, dessen Werk und Zeitgenossenschaft Borbély so viel bedeutet hat, gibt es zwei Zeitrechnungen – vor und nach Christus und vor und nach Auschwitz. »Dieser Roman spielt in Osteuropa«, lautet der erste Satz in *Kafkas Sohn*. Diese Gegend, Osteuropa, speziell sein Land Ungarn, wird nach Borbély von Ängsten und obrigkeitlicher Willkür beherrscht, von Dumpfheit, Ingrimm, Aggressivität. Infolge des stetigen, politisch organisierten geistig-moralischen Abstiegs fallen immer wieder neue Trümmer an, tritt namenlose Raserei zutage. Nach Jahrzehnten von Faschismus und Staatskommunismus herrscht heute eine Mischform aus beidem. Ihrer bedient sich die Sprache der Öffentlichkeit, gepeitscht von den Machthabern, erbärmlichen, düsteren Revisionisten. Man wird zum Zeugen der Verbannung von Sinn und Bedeutung. Sie zu schützen suchte auch Imre Kertész und fand, außer Landes, *Die exilierte Sprache.*

In *Kafkas Sohn* lesen wir: »Die osteuropäischen Diktatoren wollen die Menschen in den Wahnsinn treiben, weshalb sie die Stille verstaatlicht haben, die als ein Relikt der alten Welt gilt. Sie haben sie aus dem Verkehr gezogen, so wie die alten Geldscheine, auf denen die Fotos und symbolischen Gegenstände vorausgegangener Diktatoren abgebildet waren. Auch die Worte haben sie verstaatlicht, haben die alten abgeschafft und neue in Betrieb genommen. Die neuen Worte sind viel lauter als es die alten gewesen sind. Die alten Worte wurden in die Bibliotheken verdrängt, sie wurden am Leben gelassen oder waren einfach ihrer Aufmerksamkeit entgangen.«

Ein wichtiger Regelmechanismus in unserer Familie, sagt Borbély mit Blick zurück auf seine Kindheit in den sechziger Jahren, war die Religion: von beiden Eltern her griechisch-katholisch. Wir sind Griechen, hieß es bei uns. Die Religion befand sich jedoch in einer prekären Lage: Die griechisch-katholische Kirche war hierzulande nicht als eine apostolische, sondern als eine politische Einrichtung entstanden, entstanden nicht durch Sendung oder Charisma, sondern durch politischen Willen. Der Text der orthodoxen Liturgie wurde ungarisiert, und durch diese Verstümmelung ist jedes Wort, das in der Orthodoxie Sinn und Bedeutung hat, auf Ungarisch bloß tönendes Erz und klingende Schelle. Ihr wurde die Seele ausgetrieben. Sie hat keinen Boden, keinen Raum, keine Luft.

Im Angesicht der Leere, des Verlusts der Religion, der Sprache, ja des Traums, mithin des Glaubens wandte sich Borbély der Beschäftigung mit dem Judentum zu, seinen Quellen, Ritualen, Erzählformen. Das tat Kafka in jungen Jahren ebenfalls, umso mehr, als er den massiven Widerstand seines Vaters gegen alles Jüdische erlebte. Auf das »Material«, das Kafka vorfand, stieß Jahrzehnte später Borbély – als zerstörtes. Von nun an richtete sich seine Aufmerksamkeit auf das Verschwundene – Menschen, Plätze, Glauben, das Prager Ghetto. Und auf den schäbigen Negationismus, jenes borniert Behaupten, dass systematische Entmündigung, Entwertung und Entseelung bis hin zur Vernichtung einfach nicht stattgefunden habe. Auf die Verwischung von Ursache und Wirkung, die fortwährende Umdeutung der Gegenwart, ihre Verschiebung ins Mythische. Entlang solcher Themen, Begriffe und Phänomene bewegen sich beide, und das verbindet sie über den Epochenbruch hinweg. Über Kafka, sein Werk und seine Zeit ist sehr viel und erschöpfend geschrieben worden, über Borbély steht das noch aus. Den oben berührten politischen und ästhetischen Komplex stellt Borbély in *Die Mittellosen* eindrucksvoll, ja erschütternd dar, in *Kafkas Sohn* wird immer wieder darauf angespielt, nicht nur aus künstlerischer Neugier, sondern in einer das Existentielle betreffenden Logik. Das Damals wird zum Sinnbild für das Jetzt. Darin, dass er uns dies bewusst macht, liegt sein Engagement. Und wie das klingt, wie die Stimme spricht, ist große Kunst. Auf der Suche nach einem Glauben ist Szilárd Borbély auf Kafka gestoßen.

Inhalt

Anhang